유아들의 신체활동을 위한

유아 체육

이광우 · 박병국 공저

유 유치원과 어린이집에서

아 아이들과 함께하는

체 체육활동은

육 육체와 정신을 건강하게 만들어요.

도서출판 학이당

머리말

유아기는 인간의 성장·발달에 있어서 생애 주기 중 가장 중요한 시기로써 움직임 자체를 즐거워하며 끊임없이 탐색하며 잠시도 쉬지 않고 자기 자신의 생각과 감정을 표현한다. 이 시기의 다양한 신체활동 경험은 신체적, 인지적, 정서적, 사회적 성장 발달의 모든 측면에서 기초를 형성하고, 발달의 방향과 질을 결정하므로 대단히 중요한 의미를 지니고 있으며, 적당한 운동은 신체의 발육을 촉진하고 과도한 운동은 발육을 저해한다는 신체활동에 관한 생물학적 법칙에 따라 즐겁게 활동하는 신체활동은 신체발육을 촉진하며 나아가 질서 있는 사회생활을 배우고 잠재력을 개발할 수 있는 적절한 시기이다.

그러나 최근 들어 현대 사회는 산업화, 핵가족화 및 편리한 생활로 유아들은 자연으로부터 멀어지게 되어 마음대로 뛰어 놀 수 있는 신체활동의 기회가 줄어들어 체격은 예전보다 커졌으나 체격을 지탱할 수 있는 체력은 약해지고, 기본적인 운동 기술들을 발달시키지 못하여 놀이나 활동에서 신체적으로 그 기능을 발휘하는 데 제한을 받을 뿐만 아니라 사회경험의 부족으로 또래 집단에 동화되지 못하고 사회성의 부족으로 유아들은 점점 이기적인 경향이 커지고 있는 것이 현실이다.

이러한 현상들의 중요성을 인식하여 유아들을 교육하는 유치원이나 어린이집 등 교육기관에서는 놀이를 중심으로 한 체육활동을 담

임교사나 전문 체육교사를 초빙하여 실시하고 있으며 전문적인 유아체육지도자를 양성하는 단체들도 많이 생겨나고 있다.

따라서 이 책에서는 저자가 현재 운영하고 있는 한국유아체육연구원에서 개발하여 현장에서 활용하고 있는 체육프로그램을 활동유형별로 제시하여 유아체육을 담당하는 교사들의 지침서로 활용할 수 있도록 미약하나마 소개하고자 한다.

전체 내용은 7장으로 구성되어 있으며 제 1장에서는 유아체육 이론, 제 2장에서는 유아기 운동발달, 제 3장에서는 유아기 체육놀이의 특징, 제 4장에서는 유아체육의 지도 원리, 제 5장에서는 유아체육 프로그램 구성방법, 제 6장에서는 유아체육 연간 교육계획안, 제 7장에서는 유아체육 실전 프로그램을 제시하였다.

끝으로 이 책을 만드는데 적극적으로 참여해 준 한국유아체육연구원 선생님들과 사진촬영에 협조해주신 한마음유아스포츠단 학부모님과 원아, 선생님들, 그리고 출판을 맡아주신 학이당 출판사 사장님께도 감사를 드린다.

2008년 2월

저자 일동

Contents

Contents

Ⅰ. 유아체육 이론

1. 체육의 개념

체육활동은 인간에 내재된 욕구의 발현으로서 개인과 사회의 발전에 기여해 왔다. 개인적 측면에서는 인간의 신체적 · 정신적 욕구를 충족함으로써 신체를 건강하게 하고, 자기 계발과 자아실현 기회를 제공하며, 타인과의 연대감, 건강한 생활양식 등을 통해 개인의 삶을 풍요롭게 한다. 또한 사회적 측면에서는 체육활동을 통해 필요한 근면, 협동심, 타인 존중, 지역사회 · 국가에 대한 긍지 등 다양한 원칙과 규범을 배울 수 있게 된다.

체육의 과학적 연구는 18~19세기 초부터 체조(gymnastics)의 개념으로 근대체육의 기초를 쌓은 몇몇 체조가들에 의하여 시도되었지만 체육에 대한 용어가 최초로 문헌상에 기록된 것은 18세기 후반 델사르트 (Delsarte)의 "Education Physique"에서 비롯된다. 이후 이 용어는 1840년대 신체와 교육의 합성어인 "Physical Education"으로 일반화 되었다.

20세기 초 체육이 신체 그 자체를 교육(education of physical)하는 것이나 혹은 신체를 매개로 하는 교육적 활동(education through physical)이냐 라는 논쟁이 전개되었으며, 1930년대에는 "체육은 신체활동을 통하여 신체적, 정신적, 사회적으로 완전한 인간을 형성하는 교육의 한 분야"라는 주장으로 일반화되었다. 이러한 전인교육적 정의는 체육이 학문적 전문성을 갖추게 되면서 신체운동 자체에 대한 기본개념, 방향, 운동지각 형성에 대한 관심과 인간행동 측면에서의 운동현상 연구로 확대되면서 "움직임 교육(movement education)", "인간운동(human movement)", "운동학(Kinesiology)," "인간운동학(human kinetics)", "운동과학(exercise science)" 등으로 불리워지고 있다. 오늘날에는 '스포츠'를 활용하여 "스포츠 연구(sport studies)" 또는 "스포츠과학(sport science)" 이라는 용어를 사용하고 있는 추세이다.

이상의 체육에 대한 정의의 발전 과정을 정리해 보면 체육(體育)이란 "계획적이고 의도적인 신체활동을 매개 또는 수단으로 하여 인간의 잠재능력을 발휘하도록 함으로써 신체적, 정신적, 사회적으로 완전한 인간을 형성하고자 하는 교육의 한 영역"이라고 정의 할 수 있다(2004 체육백서, 문화관광부).

체육은 수많은 활동들로 구성되어 있다. 그 중에서 가장 많이 사용되는 활동들이 스포츠(sports), 게임(game), 놀이(play) 등의 활동이다. 상황에 따라 스포츠, 게임, 놀이 등의 활동을 체육과 동의어로 사용되기도 하며, 어느 경우에는 이들 개념이 체육보다 더 넓은 개념으로 사용되어 체육을 포함하기도 한다.

일반적으로 체육을 중심으로 이들의 활동을 체계화하면 체육은 인간의 움직임(human movement)으로부터 출발한다. 인간의 움직임 중에서 생계를 위하여 하는 활동을 제외한 움직임을 신체 활동(physical activity)이라고 한다. 일을 위한 움직임과 신체 활동의 가장 큰 차이는 목적과 수단의 관계에 있다. 즉, 일에서는 신체 활동이 일의 목적에 대한 수단에 불과하지만, 신체 활동에서는 신체의 움직임이 그 자체로서 목적이 되기 때문에 신체 활동의 중요성이 강조된다. 신체 활동은 체육의 가장 기초적인 요소이지만 이들 신체 활동이 심리적, 사회적, 문화적인 조건에 따라 체계화되는 단계에 따라 놀이, 게임, 스포츠라는 용어로 불리게 된다.

놀이는 신체 활동 중에서 허구성과 비생산성의 조건을 만족시키며 문화적으로 사회에서 인정되는 활동의 체계이다. 놀이의 허구성이란 현실 생활을 벗어나 일어나는 활동이다. 비생산성이란 활동의 결과로 아무런 상품, 재화, 또는 새로운 종류의 물질이 창조되지 않는 것을 뜻한다. 경쟁은 존재할 수 있으며 흥미를 목적으로 하는 민속놀이나 어린이들의 놀이 등이 전형적 보기라 할 수 있다.

게임은 놀이로 인정되는 신체 활동 중에서 경쟁성에 바탕을 두고 승부를 내기 위하여 시간과 공간을 분리하고, 규칙을 정하며, 결과의 불확실성을 유지하면서 확률, 전술 및 신체의 기능을 통하여 승부의 결과를 결정하는 활동을 지칭한다. 여기에서 경쟁성이란 둘 또는 그 이상의 상대 사이에 승리를 위한 패권을 겨루는 것을 말한다. 분리성이란 사전에 미리 규정되고 정해진 공간과 시간의 한계 내에서 이루어지는 활동의 특성을 의미한다. 규칙성이란 일상적인 규점의 적용이 일시 정지된다는 합의하에 활동이 성립하며, 활동의 장에 있어서도 새로운 규범의 제정을 이루고 통용되는 것을 의미한다. 또한 불확실성이란 활동의 전개 과정이나 결과가 사전에 정해져 있기 때문에 어떤 결과가 발생할 지에 대한 기대와 우려가 동시에 존재함을 나타내며, 이의 결정이 운(chance)이나 전술(strategy), 그리고 신체의 운동기능(motor ability)에 의존함을 뜻한다.

스포츠는 게임 중에서 결과의 결정에서 격렬한 대근 활동을 중심으로 신체적 기량이 강조되고 활동의 가치, 규범, 기술 등의 제도화 수준이 매우 높아 그 활동을 위한 조직이 구성되며, 이 조직을 통하여 규칙의 준수 여부를 감독하고 이의 결과를 기록하는 특성을 지닌 활동을 지칭한다. 따라서 하나의 체육 활동이 사회에서 스포츠로 인정되기 위해서는 놀이와 게임의 특성을 지니고 있어야 하며, 이에 더하여 신체적 기량이 경쟁의 결과를 결정하는데 가장 중요한 요소로 보는 활동 체계의 제도화가 이루어져야 한다.

체육 활동의 체계에서 스포츠는 게임에 바탕을 두고, 게임은 놀이에 바탕을 두고 있기 때문에 게임은 놀이의 허구성과 비생산성의 특성을 내재하고 있으며, 스포츠 또한 놀이의 허구성과 비생산성은 물론 게임의 경쟁성, 분리성, 불확실성, 규칙성을 내재하고 있는 것이다. 이러한 체계에 따라 프로스포츠에서와 같이 스포츠에서 비생산성과 허구성이 사라지면 겉으로는 스포츠의 형태를 띄지만 일과 같은 체험을 하게 된다.

〈표 Ⅰ-1〉 놀이, 게임, 스포츠의 특성 비교

놀 이	게 임	스 포 츠
허구성 비생산성	허구성 비생산성	허구성 비생산성
	분리성 규칙성 불확실성 경쟁성 확률, 전술, 신체기능에 의한 결과의 결정	분리성 규칙성 불확실성 경쟁성 확률, 전술, 신체기능에 의한 결과의 결정
		신체적 기량 가치, 규범 기술의 제도화

참고로 체육과 스포츠의 관계를 살펴보면, 과거에는 스포츠는 체육(교육)의 한 수단으로 이용되는 것으로 보는 견해가 지배적이었다. 그러나 오늘날 체육은 교육의 한 영역으로 인정하되 스포츠는 하나의 문화적 형태로서 신체문화, 생활문화의 한 영역이 경쟁적이든 경쟁적이 아니든 일체의 신체활동을 통해 이루어지는 사회현상으로 보는 넓은 의미로 이해되고 있다.

결과적으로 현대사회에서 스포츠는 교육의 한 영역인 체육보다는 오히려 넓은 개념으로 사용되고 있다. 스포츠는 이제 경쟁적스포츠는 물론 비 경쟁적스포츠, 생활스포츠, 레저스포츠, 레크리에이션 등을 포함하고, 질 높은 삶을 위하여 참여하는 신체활동을 포함한다고 정의할 수 있다.

2. 유아교육의 개념

교육을 그 대상이 누구냐에 따라 구분하였을 때 유아교육, 초·중등교육, 고등교육, 성인교육 등으로 나눌 수 있다. 유아교육은 유아를 대상으로 한

교육으로 본 장에서는 유아교육의 개념을 정의하기 위해서 우선 '유아'와 '교육'의 개념 및 중요성을 살펴보고자 한다.

1) 유아의 개념

'유아'에 대한 정의는 발달심리학적 입장에서 인간발달 과정의 한 시기인 '유아기'의 의미를 통해 살펴 볼 수도 있으나, 유아를 위한 교육이 포함 하여야 할 대상 연령을 규정하는 입장에서도 살펴 볼 수 있다. 발달심리학에서 유아기는 신생아기와 영아기 이후의 시기로 대개 3~5세(Berk, 1988)로 규정하고 있으나 이러한 연령 범위는 교육학적 입장에서는 다소 다르게 이해되고 있다. 오랫동안 우리 사회에서 '유아기'는 초등학교 취학 이전까지의 시기로 이해되어 왔고, 따라서 초등학교 입학 이전의 아이들을 위한 교육을 유아교육으로 받아들여 왔던 것도 사실이다. 또한 유아교육을 유치원 대상 연령 아이들의 교육으로 인식함으로써 유치원 교육과 동일한 의미로 이해하기도 했었다.

실제로 많은 나라에서 초등학교 교육이 시작되는 연령은 만 6세이며 유치원으로 대표되는 유아교육기관에 다니는 유아의 연령은 3~5세이다. 우리나라의 경우에도 유치원의 대상 연령은 만 3~5세이며, 초등학교 교육의 대상 연령은 만 6세이다. 이와 같이 교육의 제도적 측면에서 볼 때 유아교육의 대상 연령은 대부분 만 5세까지이다.

최근에는 유아기의 중요성을 입증하는 발달심리학이나 교육학 분야의 연구결과에 따라 유아교육이 포함해야 할 대상 연령이 점차 하향화되고 있으며, 그 기간도 길어져야 함이 강조되고 있다. 이러한 입장에서 유아교육 분야의 많은 전문단체나 학자들은 유아교육을 '0~8세 유아를 위한 교육'으로 정의한다. 즉 유아를 대상으로 한 교육은 0세부터 8세에 걸친 연속적이고 의미 있는 경험을 제공할 때 그 효과를 얻을 수 있다는 것이다. 물론 여기서 0세의 의미를 수태 순간으로 볼 것 인지 아니면 출생 이후로 볼 것 인지에 대한 것이다. 이러한 인식은 생명의 시작을 어디서부터 인정할 것 인지에 대한 관점과도 관련되어 있다.

인간의 발달은 태내기부터 이미 시작되며, 이 시기부터 환경의 영향이 인간 성장과 발달에 적극적인 영향을 미치는 점을 고려할 때 유아교육의 대상 연령을 수태 순간부터 출생 이후 8년까지로 보는 것이 더 합당할 것이다. 유아교육의 의미가 유치원이나 보육시설 등과 같은 유아교육기관 교육만을 지칭하는 것이 아닌 것과 같이 유아교육의 대상연령이 곧 유아교육기관의 대상연령을 일컫는 것은 아니다. 따라서 학문적 측면에서 유아교육의 대상은 유아교육기관에 다니는 유아뿐 아니라 초등학교 저학년 유아를 포함하는 0세부터 8세 유아로 인식해야 할 것이다.

2) 교육의 개념

교육이 무엇인가?에 대한 개념은 시대나 사회 또는 규정하는 학자에 따라 다양하게 정의되었다. 일반적으로 교육은 가르치고 배우는 행위를 나타내는 말이기도 하지만 그 제도적 과정을 일컫는 의미이기도 하다. 우선 교육의 정의를 그 단어의 의미를 중심으로 살펴보자. 교육(教育)이라는 한자에는 우리말의 '가르치다'의 뜻이 있다. '가르치다'라는 말을 국어사전에서는 '알도록 하다, 지식을 지니게 하다, 할 수 있도록 지도하다'라고 풀이하고 있다(교육부, 1997). 또, 교육의 의미를 영어 'education'이란 단어를 통해 이해한다면, 'education'은 라틴어의 'ex(밖으로)'라는 의미의 부사와 'ducare(이끌어낸다)'라는 동사의 합성어이므로 'education'은 결국 내부의 잠재 가능성을 외부로 발현할 수 있게 이끌어 내는 과정으로 해석할 수 있다. 따라서 교육을 그 단어가 가진 의미를 중심으로 풀이해 본다면 '인간을 바람직한 방향으로 육성하여, 내부의 잠재 가능성이나 소질을 계발시켜 주는 과정'으로 이해할 수 있다.

교육의 개념에 대한 다양한 정의 중 우리나라에서 가장 널리 인용되고 있는 정의는 '교육은 인간행동의 계획적 변화'라는 것이다(정범모, 1976). 이 정의는 '인간행동', '변화', '계획적'이라는 세 가지 요소, 또는 세 가지의 '중핵개념'으로 이루어져 있다. 이 세 가지 중핵개념의 의미를 살펴봄으로써 교육의 정의를 보다 분명히 할 필요가 있다.

첫째, 교육은 인간행동의 계획적인 변화라는 정의에서 변화의 대상인 '인간'의 의미를 살펴보자. '교육은 인간을 기른다'는 말에서 인간이 의미하는 바는 곧 '인간의 행동'을 지칭하는 것이다. 물론 여기서 '행동'이란 용어는 일상적 의미보다는 과학적인 의미에서 사용되는 용어이다. 일상적 의미로서의 '행동'은 신체적 동작과 거의 동의어로 사용되는데 비하여, 과학적인 의미에서의 행동은 동작이라는 형태의 외형적인 행동뿐만 아니라 '지식, 사고, 가치관, 동기체제, 성격특성, 자아개념 등 인간의 모든 심리적 특성을 포함한다.' 즉 과학적인 의미에서의 행동은 지식뿐만 아니라 앞에서 열거된 여러 가지 특성, 이른바 내면적인 행동도 포함하는 것이다(정범모, 1976). 그럼에도 불구하고 이러한 정의는 교육이 단편적이고 외현적인 행동의 형성에 치우칠 우려가 있다는 비판이 많다. 이러한 한계를 극복하고 교육이 인간 삶의 지속적인 과정에 관심을 두어야 한다는 의미에서 '행동'이란 용어 대신 '삶의 전체 과정에 대한 변화'임을 강조하여 교육을 '인간 삶의 바람직한 변화'로 정의하기도 한다(이은화·양옥승, 1988).

둘째 교육은 인간행동의 계획적인 '변화'라는 정의에서 변화가 의미하는 바를 살펴보자. 이홍우(1991)가 지적 했듯이 교육은 인간행동의 변화를 일으키는 활동이므로 인간행동의 변화 가능성을 가정하고 있다. 인간행동의 변화 가능성이나 정도가 선천적으로 결정되어 있다고 믿는다면 교육은 불필요하고 불가능할 것이다. 정범모에 의하면 여기서 '변화'라는 것은 '육성, 조성, 배양, 계발, 교정, 개선, 성숙, 발달, 증대 등을 포함'하는 포괄적인 개념이다. 그런데 이 정의에서 인간행동의 '변화'가 바람직하건 바람직하지 않은 것이든 그것이 인간행동을 변화시키는 것이며 어떤 것이든지 간에 교육으로 인정할 수 있느냐에 대한 가치중립성의 측면에서 문제가 제기될 수 있다. 교육은 인간행동의 변화 중에서도 부정적인 변화는 배제하고 바람직한 측면에서의 변화만을 일컫는다는 입장에서 이연섭 등(2000)은 정범모의 정의에 '긍정적'이란 말을 첨가하여 교육을 '인간행동의 계획적이며 긍정적인 변화'로 규정하고 있다.

셋째, 인간행동을 변화 시키는 것 중에서도 그 노력이 계획적인 것일 때만 교육이라고 말한다. 인간행동의 변화는 여러 경로를 통해 일어 날 수 있으나 교육은 그 변화가 '계획에 의한 것'일 때에만 교육이라고 말한다. '계획'의 개념은 교육의 정의에서 중핵이 되는 세 가지 개념. 즉 '인간행동', '변화', '계획' 중에서 핵심적인 위치를 차지한다. 교육의 과정에서는 최소한 변화시키고자 하는 인간행동의 명확한 성정과 인식(교육목적)이 있어야 한며, 이러한 목적을 실현시킬 수 있는 구체적인 이론, 즉 인간행동을 변화시킬 수 있는 이론(교육이론)과 구체적인 프로그램(교육과정)이 있어야 하기 때문이다.

이와는 달리 '교육을 곧 사회화'로 정의하는 학자들도 있다. 그 대표적인 학자로 뒤르껭(Durkhenim, 1925)은 그의 대표 저서 『교육과 사회화』에서 교육을 '어린세대를 대상으로 하는 체계적인 사회화'로 정의하고 있다. 뒤르껭은 교육은 사회 속에서 일어날 뿐만 아니라 사회가 존속하는 데 필요불가결한 조건이 되므로 사회와의 관련성을 배제하고는 이해될 수 없다고 보았다.

이 외에도 서울대학교 교육연구소에서 출판된 『교육학 사전』에 의하면 교육은 "인간의 정신적 · 신체적 성장과 발달을 어떤 이상(理想)이나 목적, 혹은 가치 기준에 의하여 통제하거나 조력(助力)하는 일련의 인위적 과정"으로 정의할 수 있다. 결국 교육이 목적으로 하는 대상이 무엇이며, 어떤 방향으로 나아가야 할 것인가에 대한 관점에 따라 교육에 대한 개념은 달라지는 것이다(이기숙 외, 2004).

3. 유아체육의 개념

1) 유아체육이란?

"유아의 발달단계에 따라 불완전한 움직임을 체계적 움직임으로 활용할 수 있도록 하며, 유아 스스로 신체적 운동능력을 인지하여 놀이와 작업과 표현과 생활에 능동적으로 즐겨 참여할 수 있도록 도와주는 교육적 행위"이다.

유아기는 인간의 성장 · 발달에 있어서 생애 주기 중 가장 중요한 시기로써 신체적, 인지적, 정서적, 사회적 성장 발달의 모든 측면에서 기초를 형성하고, 발달의 방향과 질을 결정한다. 특히, 유아기에 있어 다양하고 체계적인 신체활동 경험은 신체적 발육발달의 촉진과 운동능력의 향상뿐만 아니라 신체활동에 대한 인식을 심어 줌으로써 청년기 및 성인기의 바람직한 신체활동 습관을 형성하여 일생동안 건강한 삶을 살 수 있는 초석을 마련하게 해 주어 전인적 발달을 도모할 수 있으므로 유아교육에 있어 어떤 교육보다 중요시 되어져야 한다.

2) 유아체육의 의의

적당한 운동은 신체의 발육을 촉진하고 과도한 운동은 발육을 저해한다는 것은 신체활동에 관한 생물학적 법칙이다. 따라서 유아기에 놀이를 통한 신체활동은 신체발달과 운동기능 향상에 필수적일 뿐만 아니라 개인의 사회적응, 자아실현, 풍부한 정서생활 및 지적, 정서적 발달에 중요한 영향을 미치게 되므로 유아들에게 체계적으로 계획된 신체활동을 경험하도록 하는 것은 중요한 의의를 갖는다.

① 유아기는 운동 기능의 발달을 위한 이상적 시기이다.

그 이유는 경골화 이전이므로 몸이 유연하며 호기심, 모험심이 강하고 감수성이 예민 할 뿐만 아니라 비교적 충분한 시간적 여유를 가질 수 있어서 다양한 기능의 학습이 가능하기 때문이다. 몇몇 연구에서는 운동발달이 잘 된 유아는 학습도 용이하다는 사실과 유아기는 기본운동기능의 학습이 절대적으로 요구되는 시기라는 점을 지적하고 있다. 또한 대근육을 이용한 신체동작 중 약 90%가 12세 까지 완성되며 소근육의 조정력은 약 80% 이상이 개발된다.

② 출생이후 유아기는 일생 중에서 두뇌발달이 가장 활발한 시기로서 지능발달이 이루어지는 결정적 시기이다.

이 시기에 운동발달이 지연되면 아동이 학교생활에서 경험하는 학습장애의 원인이 되며, 읽기, 말하기 등에도 영향을 미친다. 이는 운동발달이 단순히 신체적인 움직임에 국한된 것이 아니라 시각과 지각 발달 및 신경조직의 발달과도 깊은 관계가 있기 때문이다. 특히 영양 상태는 지능 발달의 중요한 조건으로 지적되고 있다.

③ 유아기는 습관, 태도를 형성하는 중요한 시기이다.

유아기에는 놀이가 생활의 전부라 해도 과언이 아닐 것이다. 친구들과 놀이를 통하여 협동, 분배, 정직, 자기감정의 절제, 단체의 규칙준수 등 사회적 태도가 형성되고 자기중심적 사고방식에서 차츰 타인을 존중하는 사고방식으로 바뀌어 간다.

④ 이 시기에는 자아개념이 형성되기 시작한다.

놀이 및 신체활동을 통하여 얻어지는 성취감, 만족감 등은 유아의 자아개념 형성에 중요한 역할을 한다. 어릴 때 운동기능이 우수하면 집단에서 리더쉽을 발휘하게 되고 또 리더로서의 역할을 배우게 된다. 또한 운동기능이 발달하면 신체적 안정감을 느끼게 되고 이것이 심리적 안정감을 갖게 하여 자신감을 높이고 일상생활에서의 모든 행동에 영향을 미치는 자아개념 형성에 중요한 영향을 미친다.

3) 유아체육의 필요성

우리가 이상적 인간이라 함은 신체적, 정신적, 사회적으로 완성된 인격을 갖춘 인간이다. 이러한 완성된 인격을 갖춘 인간이 되기 위하여 조기 교육, 즉 유아교육이 필요한 것이다.

유아교육기관에서 교육을 받는 유아의 연령이 대부분 만 3~5세이고, 이 유아들은 신체적으로나 활동 기능, 사회성, 지적인 면에서 성장과정의 초기에 있다.

특히 이 시기에는 신체적 발달을 위하여 잠시도 쉬지 않고 활동을 함으로써 외적인 체격과 체력은 물론 내적으로는 소화기관과 심장을 비롯한 순환기, 신경계, 그리고 동작 기능에도 많은 영향을 미친다. 또한 동작을 통한 신체적 발달이 지적, 정신적 발달에도 영향을 끼친다고 많은 학자들은 다음과 같이 말하고 있다.

첫째, Hurlock은 신체적 성장의 일반적 효과가 직접적으로는 운동 능력에 영향을 주며, 간접적으로는 자신 및 타인에 대한 태도에 영향을 준다고 한다.

또한 Hurlock은 정상적인 신체발달이 행동에 미치는 영향을 다음과 같이 4개 영역으로 구분하고 있다.

① 근육의 발달은 운동 능력의 변화를 가져오며 어린이가 즐기게 되는 활동, 특히 게임과 스포츠의 종류 및 수에 변화를 가져온다.
② 행동은 일반적인 신체적 조건의 영향을 받는다.
③ 신경계 및 뇌의 발달은 새로운 행동 유형을 가져온다.
④ 내분비선의 기능적 변화는 새로운 행동 유형을 가져온다.

둘째, 유치원 어린이들의 비공식적인 사회 접촉의 대부분은 놀이로서 자전거타기, 공놀이, 줄넘기, 기차놀이 등과 같은 운동 활동 중심으로 일어난다.

이러한 운동 활동이 갖는 일반적인 효과에 대해서 Hawkes와 Pease는 "운동발달이 정서적 표현, 창의성, 사회적 참여 및 적응을 위한 출구"라고 하였다.

이들 효과가 운동 기능의 수행 과정에서 얻어지는 것이라면 성취감, 만족감, 완성감, 등은 기능의 성공적 학습 또는 성공적 수행의 결과로 얻어지는 것이다.

또한 운동 기능의 성취능력은 같은 집단 또는 그 이상의 사회집단에서의 사회적 지위에 영향을 미치게 된다.

Piaget는 지적 발달에 대한 종단적 연구 결과 유아기의 지능은 심체지능(psychmotor)이 대표하고 있으며 6~7세 이전 어린이의 지적 사고는 주로 움직이는 기술과 지각 능력에 따라 결정된다는 사실을 밝혀내고 신체적 성숙 및 운동기능과 지적 성장은 서로 긴밀한 관계가 있다고 하였다.

또한 Oliver, Painter, Corder, Robbins, 그리고 Hurlock은 운동 발달이 인격 형성에 미치는 효과를 종합적으로 아래와 같이 열거하고 있다.

① 자력에 의한 성취 경험으로 자기 신뢰감과 행복감을 갖게 한다(independence).

② 신체적, 심리적 안정감(physical security and psychological ecurity) 에 의한 건전한 자아개념을 형성하게 된다.
③ 정서를 정화시킨다(emotional catharsiss).
④ 같이 놀 친구 없이도 혼자서 자신을 즐길 수 있다 (self entertainment).
⑤ 건강을 증진시킨다(good health).
⑥ 사회화를 촉진시킨다(socialization).

위에서 말한 바와 같이 정상적인 운동 발달은 신체적 안정, 경제적 효능성, 정서적 안정성, 성취동기 및 창의성의 육성, 사회적 적응, 여가 선용 및 레크리에이션, 건전한 인성 발달 등 인간 행동의 전반에 걸쳐 중요한 영향을 미친다.

4) 유아체육의 목표

① 유아의 신체발달과 건강을 돕기 위해 유아 자신의 신체구조 및 역할을 알게 하고 고른 영양섭취 및 바람직한 일상생활습관을 갖게 한다.

신체적 건강을 유지하고 증진시키기 위하여 영양, 개인위생, 안전 등과 연관된 기본적인 습관을 기르고, 건전한 놀이와 운동을 함으로써 심미적인 생활과 미적 표현의 창의력 및 여가를 즐기는 태도를 길러 준다. 이러한 생활태도를 길러 줌으로써 유아로 하여금 건강과 안전의 중요성을 알게 한다.

② 소근육을 사용하여 기초적인 신체활동을 경험 하게 한다.

소근육 활동이란 몸의 작은 근육을 통제하고 사용하게 하는 것으로 손, 팔, 목, 눈, 손가락을 정확하고 바르게 사용하기, 팔과 손을 안정되게 쓰기 등이다. 이러한 활동들은 소근육 운동의 기술뿐만 아니라 손과 눈의 협응력, 신체의 다른 부분의 협응력까지 키워주어 기초적인 신체활동 뒤에 오는 세밀한 활동의 기초를 이룬다.

③ 대근육을 사용하여 기초적인 신체활동을 경험하게 한다.

마음껏 뛰고, 기어오르고, 잡아당기고, 매달리고, 뛰어내리고, 미끄러져 내리는 활동과 놀이감과 접촉하는 활동을 통해 팔, 다리, 몸통 등의 대근육을 사용하게 한다. 이들 서로간의 협응은 신체의 운동 능력 및 조절과 균형을 목적으로 하며 신체 운동을 통하여 얻게 되는 지식은 복잡하고 어려운 학습의 기초가 된다.

④ 율동적인 신체의 움직임을 키운다.

유아가 특정한 율동을 기억하고 모방해내는 것도 중요하지만, 유아 나름대로 움직이고 표현 운동을 하는 동안 창조력, 상상력을 유발시키는데 유아들은 가치를 느끼며 창의적 활동을 하는 즐거움을 느낀다.

⑤ 건강 및 안전에 대한 생활 습관을 길러준다.

유아는 신체적으로 신경조직과 내분비기관, 기관조직이 아직 성숙되지 않고 생활에 대한 물리적, 구체적 경험이 부족하기 때문에 스스로 건강을 유지하는 방법을 모르고 있다.

구강 청결 및 보건 위생에 유의하기, 바람직한 의식주 생활 익히기 등으로 건강한 생활습관을 길러준다.

⑥ 기구 및 놀이도구, 위험한 일이나 장소에 따른 안전에 대한 인식을 키운다.

유아들이 신체활동을 하는데 있어 안전을 기하기 위해 그네, 회전 탑, 시소, 이동원목 등과 같이 위험성이 있는 놀이기구에는 표지판이나 백선을 그어 위험하다는 것을 알리고 철봉, 종합 장애물 등의 고정시설물은 사전에 점검하여 사고를 미리 방지하도록 한다. 그리고 집단 간의 운동을 실시할 때는 위험이 있다고 느껴지면 이를 제지하고 놀이 내용을 바꾸어 진행하는 것이 바람직하다.

⑦ 주어진 공간에서 신체를 균형있게 움직이는 능력을 키운다.

초기에 유아가 똑바로 서는 일은 인간 안에 있는 잠재력 중에 '일어선다'라는 하나의 가능성이 실현되는 것이다. 즉 신체의 발달 과정에서 균형을 유지하는 과정을 통해 완전성을 띄게 되는 것이다.

주어진 공간에서 균형있게 움직이게 하여 유아들의 신체적인 민첩성을 길러줌으로써 다양한 자세로 몸을 움직일 수 있게 한다.

⑧ 감각과 신체 부분간의 협응력을 키운다.

손과 눈의 협응이 요구되는 활동, 눈과 다리의 협응이 요구되는 활동, 귀와 손의 협응이 요구되는 활동, 귀와 다리의 협응이 요구되는 활동을 강조함으로써 주위에서 일어나는 다양한 사태에 대한 민첩한 적응력을 키워준다.

유아는 아무 이유 없이 움직이는 것이 아니라 감각을 통한 자아의 지시에 따라 운동 조직을 만들고 필요한 능력을 발전시켜 나간다.

5) 유아체육의 효과

신체활동은 대근육 운동과 소근육 운동으로 나누어지면, 적절한 공간과 계획적인 지도가 선행되어야 신체활동의 효과를 볼 수 있다. 각 단위 활동별 목표에 따른 신체 각 부분의 조화를 이룰 수 있는 활동은 유아의 바른 자세 형성 및 성장, 생리기능 발달에 영향을 미친다. 특히 연령이 4~7세인 유아와 아동들은 신체적 활동기능, 사회성, 지적인 모든 면에서 성장과정 초기에 속한다. 이 시기에는 계속적인 놀이나 동작을 통하여 체력, 체격, 소화기관과 심장을 비롯한 순환기와 신경계에, 또한 신체적 발달이 지적·정의적 발달에 영향을 미친다(1996, 문화체육부).

① 운동기능의 발달

㉠ 감각기능의 발달을 돕는다.
㉡ 신체조절 기능의 발달을 돕는다.
㉢ 신체균형 유지 기능의 발달을 돕는다.
㉣ 문제 상황에 재빨리 대처하는 민첩성을 기른다.
㉤ 신체기관 간의 협응력을 길러 준다.
㉥ 신체 각 기관의 성장과 기능 발달에 도움을 기른다.
㉦ 신체기관의 유연성, 순발력, 지구성을 길러준다.
㉧ 신체건강을 위한 유지 및 영양, 안전에 대한 습관을 기른다.

② 사회성 발달

㉠ 신체활동은 대부분 혼자서 하는 놀이보다는 다른 유아들과 함께 놀이하는 경우가 많다. 따라서 집단을 이루어 놀이하게 됨으로써 사회적 공동체의식, 집단의식을 키워준다.
㉡ 협동심을 기르게 된다.
㉢ 자신의 주장이나 욕구 등을 타인과의 관계 속에서 조절할 수 있게 된다.
㉣ 집단 놀이에서는 놀이의 규칙성이 있게 된다. 따라서 질서의식과 태도를 형성시켜 준다.
㉤ 타인 입장에서 생각 할 줄 아는 타인 조망 능력과 타인 존중사상이 발달된다.

ⓑ 신체활동 놀이는 유아의 근면성을 길러준다.

③ 정서발달

㉠ 신체활동은 내면의 부정적인 마음을 해소시키는 수단이 된다.

㉡ 내면의 부정적인 정서를 해소시키면 정서적 안정을 가질 수 있다.

㉢ 활발한 신체활동을 함으로써 성취감, 만족감을 느낄 수 있다.

㉣ 긍정적인 자아개념을 발달시킬 수 있다.

㉤ 신체활동은 때때로 많은 인내를 요구하기에 인내심과 참을성을 길러 준다.

ⓑ 내적인 희열감, 행복감을 갖게 해준다.

④ 인지발달

㉠ 신체활동은 다양하고 넓은 공간에서 이루어지기에 공간지각 능력을 발달시킨다.

㉡ 지각된 상황에 잘 대처하는 대처 능력(문제해결 능력)을 발달시킨다.

㉢ 주어진 환경 속에 제시된 많은 놀이감 들에 관련된 물리적 지식, 논리 수학적 지식을 습득 할 수 있다.

㉣ 신체활동은 활발한 놀이이기에 힘의 개념, 속도개념, 시간개념을 발달 시켜 준다.

㉤ 신체활동은 때때로 게임 형식의 놀이가 많기에 상황을 예측하고 이에 대처하는 예측력, 문제해결 능력을 발달시킨다.

⑤ 언어발달

㉠ 신체활동은 놀이와 관련된 많은 어휘들을 습득하고 개념을 이해하게 된다.

㉡ 친구들과의 의사소통 기술을 발달시킨다.

㉢ 자신의 언어적 표현능력을 발달시킨다.

㉣ 상황에 맞게 언어적 요구나 지시를 잘 알아듣는 능력과 그에 따르는 행동을 발달시킨다.

위와 같은 여러 영역의 발달에 신체활동이 도움을 준다고 볼 때 적극적인 신체활동과 운동을 통해 몸을 단련시키는 일은 매우 의의있는 일이라고 하겠다.

Ⅱ. 유아기 운동발달

1. 운동발달의 원리

유아기에 나타나는 운동능력의 특징은 빠르고 힘찬 것이 아니라 '얼마나 안정된 상태로 얼마나 많은 운동패턴을 성취할 수 있는가?'라는 것이다. 이 시기에 성취 가능한 운동 형태로는 기본적 운동형태의 성취능력은 학습과는 거의 관계가 없고, 자연적 발달성향에 의존하지만 던지기, 받기 또는 뛰어오며 넓이 뛰기 등과 같이 복잡한 운동의 성취능력은 연습등과 같은 의도적 훈련에 의해 그 성취력을 높일 수 있게 된다.

유아는 3세가 되면 움직임에 안정감을 보이고, 자신의 의도대로 속도를 조절할 수 있으며, 감각기관의 발달로 몸의 균형을 유지할 수 있게 된다. 이러한 특성 이외에도 유아들은 스스로 자신의 운동능력을 향상시키기 위해 끊임없이 시도하고 반복한다. 그러나, 이 시기에 운동능력의 향상을 위한 기회가 적절하게 제공되지 않는다면 유아들은 성장하면서 운동수행에 있어 어려움을 겪게 될 것입니다.

유아기에 현저하게 발달하는 대근육은 팔, 다리 또는 몸 통 등에 형성된 커다란 근육군을 말하는 것으로, 이 근육의 활용은 순환기능이나 호흡기능 등을 강화시킨다. 대표적인 대근육 활동인 걷기는 1.5세기경부터 시작되어 3세 전후로 완전하게 정착되고, 4세쯤 되면 활동력이 넘치게 된다. 뛰기 능력은 달리기 능력과 함께 발달되어 3, 4세경에는 개인에 따라 다르지만 30~60cm정도의 높이에서 뛰어내릴 수 있게 된다. 평형감각은 2세경에는 낮은 평균대 위를 걸을 수 있고, 3세에는 평균대 위에서 발을 바꿀 수 있으며, 4~8초 정도 한발서기를 할 수 있게 된다. 이와 관련된 조정력은 유아기가 그 발달의 최적기로서 이는 10세경에는 거의 성인의 수준에 다다르는 신경계와

밀접한 관련이 있기 때문으로 알려져 있다. 또한, 유아기는 뼈가 완전히 굳지 않아 최대한의 유연성이 발휘되는 시기이므로 계속적으로 유연성을 강화시키는 운동을 해 나가는 것이 바람직하다. 일반적으로 운동기능은 대근육이 먼저 발달하고 소근육이 발달하지만 유아기에는 대근육의 발달과 함께 소근육도 발달하기 시작한다. 소근육 운동은 주로 엄지와 검지를 이용한 움직임으로부터 시작해 2세가 되면 숟가락을 사용하게 되고, 3세가 되면 젓가락을 사용하게 되는 등 차츰 손의 움직임이 자유로워지게 된다. 눈과 손의 협응(Eye-Hand Coordination)은 소근육 운동의 대표적인 것으로 이 시기에 현저한 발달을 보인다. 그러나, 유아기에는 골격과 근육의 분화가 완전하지 않으므로 소근육의 발달을 위해 다양한 기회를 제공해 주어야 하지만, 지나치게 섬세하거나 기술적 집중을 요하는 소근육 활동은 발달을 저해하거나 자신감을 잃게 할 수도 있으므로 신중하게 고려하여 제시하여야 한다.

운동 기능의 발달은 일반적으로 다음과 같은 발달경향을 보인다. 첫째, 운동능력은 뇌에서 가장 가까운 부분부터 발달한다. 둘째, 운동능력은 몸의 중심부분이 먼저 발달하고 말초부분은 뒤에 발달한다. 셋째, 운동능력은 큰 근육이 먼저 발달하고 작은 근육이 발달한다. 넷째, 운동능력은 양방에서 일방으로 발달한다. 다섯째, 운동능력은 수평적인 동작에서 수직적인 동작으로 발달한다.

2. 유아기의 운동능력의 특성

1) 이동운동

골격 및 근육의 성숙으로 유아기 말기의 아동이 몸을 움직이는 것은 거의 성인과 비슷할 정도로 자유롭게 할 수 있다. 2세가 되면 계단을 혼자 오르내릴 수 있으며 3세에는 발꿈치를 들고 걸을 수 있을 뿐 아니라 세발 자전거도 탈 수 있다. 4세의 아동은 깨금발을 할 수 있고 5세가 되면 한발로 10번 이상 깡충깡충 뛰어갈 수 있다. 스스로 몸을 이동할 수 있는 능력의 발달과 더불어 타인과 사귀게 되어 사회적 관계도 점차 복잡해진다.

2) 눈과 손의 협응

이 시기의 아동은 눈과 손의 협응이 잘 이루어져 일상생활에 필요한 여러 가지 행동을 할 수 있다. 2세가 되면 유리잔을 혼자 잡을 수 있고 크레용으로 선을 그릴 수 있으며 블록을 6~7층 정도 쌓을 수 있다. 3세에는 던지는 공을 받으며 단추를 풀고 신발을 신을 수 있다. 4세에는 혼자 옷을 입고, 벗으며 가위로 선을 오릴 수 있다. 5세엔 단추를 잘 채울 수 있다. 유아의 움직임이 답답하게 느껴지더라도 그들 스스로 하도록 하는 것이 소근육 운동을 발달시키는데 도움이 된다.

3) 운동발달의 성 차이

남녀 아동의 운동발달은 사춘기 이전까지 큰 차이가 없다. 그러나 팔다리의 근육을 사용하는 운동능력, 즉 공던지기, 계단에서 뛰기, 계단 오르기 들에서는 남아가 여아보다 앞선다. 반면 섬세한 소근육 운동은 여아가 앞선다.

4) 운동발달과 사회성

유아기의 아동은 신체적 특징과 운동능력이 자아개념의 형성과 친구와의 관계에 중요한 역할을 한다. 또래에 비하여 뛰어난 운동 능력은 또래관계를 맺는데 큰 도움이 되며, 또래들에게서 인정받을 수 있는 근거가 된다.

5) 왼손, 오른손잡이

5세 경에는 양손 가운데 한 쪽 손을 더 많이 쓰는 경향을 보인다. 아동이 자라면서 보편적으로 오른손을 왼손보다 많이 사용한다. 우리 주변에서 왼손잡이를 보기 힘든 것은 오른손을 쓰도록 가르쳤기 때문이다. 왼손잡이를 교정하려면 아동이 초등학교 입학하기 전에 시도해야 한다. 때를 놓쳐 강제적으로 오른손을 쓰도록 하면 열등감을 갖게 하고 정서적인 불안을 일으키게 한다.

유아기에 운동 기능이 발달하게 되면서 혼자 걸을 수 있게 되는데, 초기에 아이는 단시간 어머니 곁을 떠나 주변을 탐색하다 돌아오는 일을 되풀이하다가 성장함에 따라 엄마는 자신과 공생관계가 아닌 독립된 개체로서 받아들여지고, 보이는 데 없어도 어딘가는 있을 것이라는 확신을 가지게 되며, 좋은 점과 나쁜 점을 함께 가지고 있는 통합된 대상으로 지각하게 된다.

4세를 전후하여 유아들은 기본 운동능력이 향상되고 보다 많은 종류의 운동기술을 습득하게 된다. 이 때 영향을 미치는 것이 바로 체력요소이다. 체력요소에는 근력, 근지구력, 전신지구력, 순발력, 민첩성, 유연성, 평형성, 협응력 등이 있다. 이러한 요소들은 각각 명백하고 독특한 특성을 지니고 있기 때문에 서로 구분하여 발달시켜야 하지만, 운동능력의 바람직한 발달은 위해서는 포괄적이고 조화로운 접근이 매우 중요하다.

3. 체력(Physical fithess)의 개념

체력(physical fitness)이란 몸에 해당되는 체(體)와 역학적인 힘을 뜻하는 력(力)만을 뜻하는 것이 아니고 오히려 능력으로서의 의미가 더 크다. 다시 말해서 근육, 신장, 생리적 기능 등 운동 기능만을 지적하는 것이 아니고 능력으로서의 힘과 함께 기억력 등과 같이 인간의 몸의 모든 기능을 종합하여 발현되는 작업 능력으로서의 뜻이 포함 되고 있다. 따라서 체력이란 "인간생활을 영위해 가는데 기초가 되는 신체적 능력"이라 말할 수 있다. 따라서 체력이란 각 개인의 작업능력 및 저항력으로서 일상생활을 통하여 여유 있게 대체해 나가고 예측할 수 없는 상황에서 대처할 수 있는 능력이나 상태라 할 수 있다.

1) 체력의 구성

- 체력 (physical fitness)
  - 신체적 요소 (physical factor)
    - 행동체력 (fitness for protection)
      - 형태(structure)
        - 체격(physique)
        - 자세(posture)
      - 기능(function)
        - 민첩성(agility)
        - 근력(power)
        - 파워(power)
        - 지구성(endurance)
        - 평형성(balance)
        - 협응성(coordination)
        - 유연성(flexibility)
    - 방위체력 (fitness for protection)
      - 구조(structure)
      - 기능 (function)
        - 기관조직의 구조
        - 온도조절
        - 면역(immunity)
        - 적응(adaptation)
  - 정신적 요소 (mental factor)
    - 행동체력
    - 방위체력
      - 의지(will)
      - 판단(judgement)
      - 의욕(wish)
      - 정신적 스트레스에 대한 저항력 (resistance to stress)

[그림 II—1] 체력의 구성

- 체력
  - 활동력
    - 운동의 발현능력(근력)
      - 정적근력
      - 동적근력
    - 운동의 지속능력(지구력)
      - 근지구력
      - 전신지구력
    - 운동의 조정능력(조정력)
      - 민첩성
      - 평형성
      - 협응성
      - 유연성
  - 방위력
    - 물리적 스트레스에 견디는 능력(한냉, 매연, 저산소, 고압, 저압, 진동)
    - 생물적 스트레스에 견디는 능력(세균, 바이러스, 미생물)
    - 생리적 스트레스에 견디는 능력(운동, 공복, 갈증, 불명, 피로, 시차)
    - 정신적 스트레스에 견디는 능력(소음, 각종 스트레스)

[그림 II—2] 이시코(Ishiko, 1970)의 체력의 구성

– 체력의 개념은 특히 대근육의 일시적 발현력이라 정의되었으나 현재에는 인간의 생존을 통한 활동량의 총체이며 정신과 신체능률의 총화라는 관점으로 확대됨.

2) 체력의 요인

① 근력 (muscular strenght)

근력은 근이 수축 했을 때 발생되는 물리적 운동에너지로 체력의 중요한

요소임은 물론이고 일상생활에서도 필수적으로 근 기능의 발달과 유지는 정상적인 생활을 영위하는데 절대적이라고 할 수 있다. 만일 근력이 형성되지 않으면 보행이 불가능해지고, 식사를 하거나 배변을 하는 등 모든 일련의 활동들을 할 수 없게 된다. 근력을 지속적으로 강화 시키는 것은 나이가 들어감에 따라 건강을 유지하도록 하는 하나의 척도가 된다고 해도 과언이 아닐 것이다. 유아의 근육은 3~4세경에 급속히 발달하여 5~6세경에는 근섬유가 굵어지게 되어 혈액의 유입(流入)이 많아져 근육조직 내에 산소와 영양분의 공급이 원활하게 된다. 따라서, 근력이 좋은 유아들은 적극적이고 활기차며, 피로회복의 시간도 짧을 뿐 아니라 자신감도 넘치게 된다. 근육은 신체 각 부위마다 각기 다른 발달특성을 나타내는데 다리근육보다는 머리와 목의 근육이, 소근육 보다는 대근육이 더 빨리 발달하고 남아보다는 여아가 더 일찍 발달한다.

근력 측정법으로는 배근력(back strenght)과 완력(arm strenght), 악력(grip strenght) 등이 있다.

② 지구력(endurance)

지구력은 운동수행을 오랫동안 지속할 수 있는 능력으로, 근 지구력과 전신 지구력으로 구분할 수 있으며 근육활동에 필요한 영양분과 산소를 근육에 공급하고 장시간의 운동결과로 나타나는 노폐물을 제거하는 능력이다. 전신지구력이 좋은 사람은 쉽게 피로하지 않고 오랜 시간 운동을 지속할 수 있으며, 심장을 강화시켜 심장병의 위험을 줄여 준다. 또한 운동을 할 때 숨이 차지 않은 상태로 계속할 수 있으며, 하고 있던 운동을 멈췄을 때는 빨라진 호흡과 맥박이 빠른 시간 내에 정상의 상태로 돌아오게 해 준다. 이 능력은 꾸준하고 점진적인 활동을 통해 향상시킬 수 있는데, 주로 아동기 후반에 이르러서야 측정이 가능하고 유아의 경우에는 순발력, 근지구력, 민첩성, 평형성 등과 같이 획득된 기능을 이용하여 측정하게 된다.

지구력 측정법으로는 전신 지구력은 오래달리기, 근 지구력은 윗몸일으키기(sit up), 턱걸이(pull up), 팔굽혀펴기(push up), 오래 매달리기, 버피테스트 등이 있다.

③ 순발력(power of explosive strenght)

순발력은 짧은 시간에 순간적으로 근섬유를 수축시켜 폭발적으로 힘을 발휘하는 것으로서 근력, 근지구력, 등가 함께 운동수행에 관여하는 중요한 근기능이다. 유아기에는 팔과 다리의 협응이 완전하지 않아 순간적인 근수축 및 근력의 발휘가 미숙하므로, 다른 체력 요소와의 협응을 통해 발달을 꾀하도록 하는 것이 좋다. 특히 이 능력은 남아가 여아에 비해 우수하며, 나이가 들수록 성별에 의한 차이가 더 커진다.

순발력 측정법으로는 제자리멀리뛰기, 제자리높이뛰기, 공 던지기 등이 있다.

④ 민첩성(agility)

민첩성은 어떤 목적에 따라 신체를 빨리 움직일 수 있는 능력으로 이동방향을 재빨리 바꾸기 위해서는 중심 이동이 빠르게 이루어져야 하므로 신체의 평형성과도 매우 밀접한 관계가 있다. 민첩성은 유아기부터 아동기에 이르기까지 급격한 발달을 보이다가 청소년기에 들어 점차적으로 감소 경향을 나타내는 것으로 알려져 있다. 이는 반응속도와 관련된 것으로 훈련을 통해 향상시킬 수 있다. 민첩성이 획득되면 유아는 자신의 몸을 효율적으로 통제할 수 있게 되어 신체활동에 더욱 적극성을 보인다. 이 능력은 남아와 여아 사이에 큰 차이를 보이지 않지만 6세 이후에는 남아가 여아보다 우수하다는 보고도 있다.

민첩성 측정법으로는 버피 테스트, 사이드 스텝 테스트, 전신반응테스트, 왕복 달리기 등이 있다.

⑤ 유연성(fiexibility)

유연성이란 관절의 가동범위를 말하는 것으로 유연성이 좋은 사람은 그렇지 못한 사람에 비해 상해의 위험이 적다. 예를 들어, 갑자기 넘어지는 상황이 되었을 때 유연성이 좋은 사람은 재빠르게 관절의 가동범위를 넓혀 유연하게 대처하겠지만 유연성이 좋지 않은 사람은 근육이 경직된 상태에서 그대로 넘어지게 되어 더 많이 다치게 된다. 관절 가동범위의 확대는 운동범위의 확대로 연결되므로 유아들은 여러 가지 운동을 통해 근육의 탄력을 증진시키도록 하는 것이 좋다. 유연성의 증진을 위해서는 관절의 가동범위 이상으로 근육을 늘려 통증을 느낄 정도로 실시하는데, 약간 낮은 강도로 지속하는 것이 좋다. 각각의 동작은 10~20초 정도 간 유지시켜 주고, 매일매일 꾸준히 실시해야 한다. 일반적으로 유연성은 통증이 있고, 많은 인내를 요하기 때문에 유아들이 싫어하는 활동이다. 따라서, 적절한 유연성을 유지하려면 흥미 있는 동작을 제시하여 유아들이 적극적으로 참여할 수 있도록 해야 한다.

유연성 측정법으로는 윗몸 뒤로 접히기(trunk exension), 윗몸 앞으로 굽히기(trunk flexion) 등이 있다.

⑥ 평형성(balance)

평형성은 불안정한 자세와 장소에서 안정을 유지하면서 운동을 할 수 있는 능력으로 신체의 안전유지와 사고예방에 중요한 역할을 한다. 평형감각이 좋으면 바른 자세가 유지되고, 달리기 · 뛰기 · 오르기 등과 같은 운동을 안정된 상태로 수행할 수 있게 된다. 유아들은 평형성의 발달이 미숙하므로 활동내용에 이를 포함시켜 신체의 안정감을 유지시킬 수 있도록 도와준다. 일반적으로 평형감각은 남아에 비해 여아가 더 우수하다.

평형성 측정법으로는 눈감고 외발서기 등이 있다.

⑦ 협응력

협응력이란 신체를 자신이 의도하는 대로 신속하고 능률적으로 조정 · 통제할 수 있는 능력을 말한다. 이는 순발력 · 민첩성 · 평형성 등의 조화를 통해 이루어지는 것이며, 판단력이나 상황 이해력과 같은 최소한의 지적능력을 요구한다. 유아들은 신체의 모든 기능이 불완전한 상태이므로 상황에 따라 신체를 적절하게 조정 · 통제할 수 없다. 그러므로 다른 유아들에 비해 협응력이 좋거나 연습을 통하여 협응력이 향상된 유아들은 신체 활동에 더욱 적극적으로 참여하게 된다. 따라서, 유아들에게는 시각 · 청각 · 촉각 등의 감각과 신체 각 부위와의 적절한 협응을 통해 운동 성취력을 향상시켜 주는 것이 중요하다.

Ⅲ. 유아기 체육 놀이의 특징

1. 체육 놀이의 특징

놀이라 함은, 주로 아동과 관련된 행동으로서 외부의 강요나 강제성이 없이 짧은 시간일지라도 스스로 즐거움을 누리면서 그 일에 몰입하는 연속적인 행동을 말한다.

유아기에는 흥미와 함께 지속적인 관심을 주는 동시에 어린이로 하여금 생각하면서 활동할 수 있는 운동이 주어져야 할 것이다. 아울러 아이들에게 주어지는 운동은 틀에 박힌 것보다는 놀이 중심으로 계획되어야 한다.

적당한 운동은 신체의 발육을 더욱 빨리 진행시키고 과도한 운동은 신체의 발육을 방해한다는 것이 활동에 관한 생물학적 법칙이다. 따라서 즐겁게 활동하는 신체활동놀이는 유아기의 신체 발육을 빨리 진행시키며 나아가서는 질서 있는 사회생활을 배우고 잠재력을 개발시키는 데에도 매우 적절한 방법이다.

행동에 대한 즐거움이 모든 놀이의 필수 요소가 되므로 아동은 주어진 놀이가 즐거움을 줄 때에만 몰입하고, 싫증이 나게 되면 놀기를 중단해 버리거나 더욱 즐거울 수 있는 새로운 활동을 찾게 된다. 이것이 아동기 놀이의 특징이다. 한편 Erikson은 "놀이는 한 학습 과정으로서 그때 그때의 단계에서 가능한 일을 완성시키며, 다음 단계로 넘어갈 수 있는 능력을 극대화시킴으로 자기 치료와 자기 교육을 포함한다."고 지적하였다.

1) 3세 아의 신체 활동놀이

3세는 일종의 완성기라고 할 수 있을 정도로 새로운 성장을 가져오는 시기이다. 사회성의 발달도 뚜렷하여 친구들의 수도 늘어나고 놀이 활동도 활발해진다. 그리하여 집단 놀이를 좋아하게 된다.

2) 4세 아의 신체 활동놀이

4세는 유아기 중 가장 발달이 가장 성행하는 매력적인 시기이다. 이 때 대뇌는 성인의 약 80%에 이르기까지 발달하며, 대뇌의 발달은 지능의 발달과 함께 신체적 기능의 발달까지도 촉진시킨다. 그리하여 모든 운동의 기초가 되는 걸음걸이가 성인과 거의 동일한 정도까지 이르게 된다.

3) 5세 아의 신체 활동놀이

5세는 모든 유아기를 통하여 심신의 발달이 다 같이 안정되어 조화와 종합을 이루는 시기, 즉 유아기의 마무리 단계라고 할 수 있다. 이 때에는 급격한 정신적 발달에 맞추어서 신체적 조건도 운동에 적합한 균형 잡힌 체형으로 바뀌어지는 것을 알 수 있다.

이러한 신체활동놀이의 특징을 종합하면 놀이는 "아동들이 즐겨 참여하며 여러 가지 경험을 반복하는 탐구적, 사회적 활동" 이라고 정의를 내릴 수 있다.

2. 체육 놀이의 가치

초등학교에 입학하기 전 아동이 유아교육기관을 통해서 갖게 되는 집단 놀이 활동의 경험은, 자신이 발견한 재미있는 놀이에 시간과 노력을 집중하여 다양한 놀이에서 만족을 얻을 기회를 찾게 한다.

또한 비록 다른 아동과 잘 어울려 놀지 않는다 해도 거기에 놀고 있는 놀이 친구가 있다는 것만으로도 즐거움을 갖게 되며 사회 접촉의 기회를 얻게 된다. 친구가 많은 아동은 다양한 형태의 활동에 접하게 되나, 친구가 없는 아동은 대부분의 시간을 혼자 보내게 되므로 다만 몇 가지 제한된 형태의 활동이 있을 뿐이다.

놀이는 유아들의 마음을 즐겁게 하고 욕구를 만족시키기 때문에 스스로의 힘으로 새로운 환경에 적응하려는 적극적인 능력을 키워줌과 동시에 갈등을 없애는 효과를 나타낸다.

유아가 경험하는 놀이는 일반적으로 신체활동놀이, 감각놀이, 수용놀이, 구성놀이, 모방놀이, 등으로 분류되나 그 중에서도 유아들이 소비하는 놀이 시간의 대부분은 신체활동놀이에 할애되고 있다.

따라서 스포츠 센터의 아기 스포츠단이나 유치원 교육에 있어서는 건강에 대한 지도에 중점을 두어 신체활동놀이를 통하여 유아 교육의 목표를 이루는데 큰 보탬에 되게 해야 한다. 놀이의 가치를 요약하면 다음과 같다.

① 신체적 발달에 도움을 준다.

② 다양한 경험이나 조작 활동을 해 봄으로써 사물에 대한 지각이 발달하고 상상력이 풍부해진다.

③ 숫자놀이를 통해 추리력이 길러지고 풍부한 상상놀이를 통하여 말을 조리 있게 하게 된다.

④ 구성놀이를 통하여 창조력과 의지력이 길러진다.

⑤ 여럿이 함께 놀게 됨으로써 자아의식이 발달한다.

⑥ 공공성과 준비성 및 질서를 배운다.

3. 유아의 사회적 특징

유아기의 또래와의 접촉은 신체 활동을 통해 가장 먼저 사회성이 만들어지는 계기이다. 사회학적 행동을 연구하는 학자들은 집단에의 적응이 처음으로 습득되고 익혀지는 유아기에 대한 연구를 해왔다.

Paten과 Newhall은 다음과 같이 유아의 사회적 특징을 4단계로 구분하고 있다.

첫째단계는, 단독 놀이 단계로, 유아가 다른 유아에게 말을 걸거나 가까이 가지 않고 혼자 노는 단계이다.

둘째단계는, 병행(평행) 놀이 단계로, 다른 유아의 옆에서 놀기는 하나 직접적 상호 작용이 없는 단계이다.

셋째단계는, 연합 놀이 단계로 유아들이 서로 장난감을 빌려주고 빌리는 행위를 한다. 그러나 놀이의 조직이나 분담은 없는 단계이다.

마지막 단계는 협동 놀이 단계로, 유아들이 서로 상호 작용하면서 일의 분담이 이루어지고 놀이의 조직이 나타나는 단계이다.

유아기의 사회 교육은 다른 어떤 학습 못지 않게 중요하며, 놀이가 중심인 유아는 여러 가지 놀이 유형으로 사회적인 경험을 습득하게 된다.

Gross의 생활 준비성에 의하면 어린이의 놀이, 즉 소꿉놀이, 집짓기놀이, 인형놀이 등은 바로 장래의 어른 생활에 대한 준비를 하는 것이다.

한편, Mitenhall과 Mason은 "놀이는 자기표현으로 설명되면, 유아는 완성감을 맛보기 위하여 놀이를 하게 되고, 그 능력에 맞는 생활, 성공할 수 있는 활동에만 참여하게 된다." 라고 놀이를 심리적 측면에서 설명하고 있다.

놀이에 대한 이상의 두 이론에서도 밝히고 있듯이 놀이는 어린이의 생활에 필요한 것일 뿐만 아니라 사회적 학습의 중요한 수단이 된다. 이 시기의 어린이에게는 또래들과의 놀이를 통하여 협동하는 능력, 단체 활동에서의 규칙을 지킬 줄 아는 능력을 길러 주어야 한다.

4. 체육 놀이와 사회적 유형의 유기적 관계

1) 놀이와 사회성의 발달

태어나면서부터 기술을 타고난 아동은 한 명도 없으며, 일정한 연령에 달했을 때 습득되어진 기술은 반복되는 연습을 통해서 학습된 것들이다. 기술은 아동의 사회화에 필수적인 것이며, 주로 놀이를 통한 사회적 접촉에 의해 습득하게 된다.

Read는, 놀이 활동은 아동의 지적 발달뿐만 아니라 육체적인 발달은 물론 사회적, 정신적 발달에도 크게 기여한다고 했다. 아동들은 여러 가지 불안과 공포를 갖고 있는데, 놀이 활동을 통해서 차츰 그것들을 감소시켜 나가거나 극복하는 능력을 몸에 익히게 된다는 것이다. 또한 놀이를 통하여 자신의 감정을 발산하는 기회를 갖게 되어 스트레스(긴장)를 해소시키기도 한다고 했다.

한편 Appleton 등의 성장 이론에 의하면, 놀이 활동은 유기체가 성장하여 성인으로서 행동하는데 필요한 기능을 익히기 하며 그 기능의 수단을 원활히 하는 방법이 된다고 했다.

이상의 여러 의견을 종합해 볼 때, 놀이 활동이란 아동들의 발달과 성장에 필요한 지적 기술을 익히고 발전시키는 데에도 중요한 역할을 하며, 동시에 사회성 개발에도 지대한 영향을 미치고 있음을 알 수 있다.

Jersild는 2세부터가 아동이 사회적인 반응을 이행하는 시기라고 보았다. 그때부터 차차 유희 활동이 증가하면서 집단 활동의 폭이 넓어져서 다른 어린이들과의 사회적인 접촉을 갖게 된다고 하였다. 또한 어울려서 놀이를 즐기는 여러 명의 친구들 가운데서 마음에 드는 친구를 가려내거나 마음에 드는 친구 곁에서 놀고 싶어 하거나 마음에 드는 친구를 초대해 보고 싶어 하는 마음이 생기는 등 사회성 발달을 보이기 시작한다고 하였다.

따라서 아동들이 최초로 집단 체육 활동을 갖게 되는 공식적인 교육 기관에서 놀이감 이나 친구의 선택으로 행하여지는 놀이의 형태는, 처음의 개인적인 활동에서 각각 역할을 맡아 연합으로 공동으로 이루는 놀이 집단의 형태로 자연스럽게 발전되어 사회적인 행동이 이루어진다.

체육 활동 집단은 대개 연령, 성별, 지능, 신체발달, 사회성에 따라 형성된다고 볼 수 있다.

2) 사회성

산하준랑은 아동이 그 주위의 사람들과 관계 속에서 나타나는 의식과 행동을 총칭해서 사회성이라고 설명하였다.

사회성이란 일반적으로 개인 또는 집단의 활동이 사회 기구 속에서 맡아 하는 역할을 가리키는 말로 쓰인다. 사회적 존재인 인간의 행동양식은 사회에 공통된 일반성을 가지는 것으로 생각하여 사회성이란 용어가 개인의 사회적 적응 행동의 총칭으로 쓰이며, 발달 심리학에서는 사회적 행동의 발달과 사회성의 발달을 같은 뜻으로 사용한다.

Moreno는 "집단 성원간의 상호작용 또는 매력과 반발의 형태를 분석하고 그 강도나 척도를 측정함으로써 집단에 대한 개인의 관계나 위치, 나아가서는 집단 자체의 사회적 구조 및 발전의 상태를 발견하여 조화로운 인간관계를 맺고, 각 개인이 사회적 활동의 공동 참여자로서 타성원을 자발적으로 받아들이게 되어야 한다."하고 사회성을 설명하였다.

교육의 목적이 사회적 자기실현에 있다고 보면, 이 목적 달성을 위한 중요한 측면의 하나가 사회화의 과정이다. 아동기에 있어서의 사회성 발달이 중요한 것은 아동 상호간의 실질적으로 사회화 과정에 크게 작용하기 때문이다. 이런 상황에서 유아는 자기 힘으로 생활해 나가는 것을 배워야 한다.

이상의 의견들을 종합하면, 사회성이란 개인의 행동 체계 속에 체계화되고 내재화된 것이며 사회적 습관이나 행동의 근본적 기능이 되는 것으로서, 새로운 아동관을 세우는데 중요한 의의가 있는 것임을 알 수 있다.

Ⅳ. 유아체육의 지도 원리

1. 유아체육의 지도 방법

1) 개인차

외형적으로나 정신적으로 유아들은 서로 다르며 개인적인 성격의 차이는 교육적으로 중요한 의미를 갖고 있다.

이처럼 다양하게 나타나는 운동능력의 차이는 근력, 지구력, 유연성, 순발력, 민첩성, 평형성 등 운동적성 전방에 걸쳐 차이가 있을 수도 있으며, 적성별로 차이를 보이기도 한다. 예를 들면 지구력은 강한데 순발력은 뒤떨지는 아이가 있고, 유연성은 뛰어난데 균형성이 없는 아이가 있다.

한 개인에 있어서도 적성별로 우수한 아동이 있는가 하면 열등한 적성도 있는 등 다양하다. 따라서 획일적이고 편협적인 지도보다는 개인 능력에 맞춰 지도를 하는 게 아이들의 성장 발달에 바람직하다.

개인차를 형성하는 조건으로는 지능, 적성, 흥미, 가치관, 남녀의 차이, 연령별 차이, 동족, 사회단계 등 여러 가지 많은 조건이 있다. 특히 신체적 활동을 요하는 체육적인 면에서 중요한 것은 체력의 차이, 운동소질 및 적성의 차이 등을 들 수가 있으며 아동들의 운동능력 또한 개인차 다르다.

2) 지도내용

유아들의 놀이는 다양한 내용을 가지고 있을 뿐만 아니라 놀이 하나 하나에 놀이 고유의 내용을 담고 있다. 그렇기 때문에 이들 놀이를 어떻게 조화시켜 학습하는 것이 좋을까에 대해서 검토하고 적절한 편성을 해야 할 필요가 있다. 예를 들면 30분 정도의 놀이 시간에 다리만 사용하는 운동을 한다거나 근력에 관한 것, 평형성의 관한 것만 한다면 편중된 수업방법이라 하겠다. 30분 정도의 시간이라면 신체부위를 골고루 이용한 방법으로 지도해야 한다. 팔에 관계되는 시간이라면 신체부위를 골고루 이용한 방법으로 지도해야 된다. 팔에 관계되는 운동, 그리고 다리에 관계되는 운동, 몸통에 관계되는 운동 등 3부위를 이용한 고른 운동을 수행하도록 지도한다. 유연성, 근력을 겸할 수 있는 게임도 전체적인 신체의 발달을 가져오기 때문에 실시하는 것이 좋다.

3) 실시시간

유아들은 어른들이 보기에 하루 종일 놀이를 행하는 것 같으나 사실은 한 가지의 놀이가 지속되는 시간은 그리 길지 않다.

어른의 경우는 활동할 때는 힘껏 활동하고 또 반면에 휴식을 취할 때는 충분히 취하나 어린이의 경우는 언제가 활동시간인지, 휴식시간인지 확실히 구별이 되지 않으며 잠깐 쉬다가 또 활동을 한다. 어른들의 활동시간에 비해 활동시간과 휴식시간의 폭이 좁은 게 어린이다. 그래서 어른들이 보기에는 금방 쉬는 것 같은데 또 놀고 있는 아이들을 대하는 것이다. 따라서 유아의 체육놀이나 그 밖의 지도를 할 때는 한 가지 놀이에 10분씩 배당을 해서 30분에 세 가지 놀이를 실시하도록 지도하는 것이 좋다. 놀이나 그 밖의 활동을 행하는데 있어서 필요한 준비나 뒷정리에 소요되는 시간을 제외하면 실제 지도시간은 다소 줄어든다. 그렇기 때문에 실제 수업을 진행하는 시간은 수업시간에 필요한 모든 사항을 감안하여 배정하는 것이 가장 바람직하다.

4) 시범

유아들을 지도할 때는 일방적인 말의 지시보다는 지도가가 직접 행동으로 표현해 주는 것이 이해가 빠르다. 즉 "이렇게 하세요" 보다는 "선생님을 따라 하세요" "선생님이 이렇게 한 것 보다 잘 할 수 있는 사람 누가 있을까" 라는 식으로 수업을 진행하는 게 효과적이다. 이러한 것을 우리는 '시범' 이라고 한다. 시범은 가장 바람직한 모범적인 것을 보여주는 것이며, 동작의 이상형을 추구하는 것이다.

주의할 사항은 이러한 시범 수업방법이 틀에 박힌 교육이 되어 어린이의 창의성을 길러주지 못할 염려가 있으므로 어린이의 이해와 창의성을 도울 수 있는 범위 안에서 행해져야 한다.

2. 유아체육의 지도 유형

1) 변화 있는 지도

유아는 원래 변덕이 심해서 동일한 일을 반복시키면 활동에 싫증을 나타낸다. 그리하여 장난을 한다든지 다른 놀이를 하는 경우가 있다.

이와 같은 사태에 대비하여 교사는 항상 창의력을 발휘하여 지도의 내용이나 방법 등을 변화시켜 학습해야 한다. 그리하여 유아들의 요구에 응하고 즐거운 운동놀이가 될 수 있도록 지도한다.

① 놀이의 상대를 교체한다.

2명 이상의 유아가 짝을 이루어 놀이를 하는 경우에는 순번에 따라 상대를 교체하는 것이 기분전환에 유효할 뿐 아니라 각자의 기능을 비교할 수 있어서 놀이에 따라 관심이 한층 높아진다.

때에 따라서는 운동 기능이 우월한 유아와 열등한 유아가 만나게 됨으로써 열등아를 돕게 되는 경우도 있다. 또 우월한 기능을 익히기 위해서 노력하는 용기를 발휘하는 경우가 있다.

② 운동의 대형을 변화시킨다.

운동의 내용이나 정도에 따라 운동의 대형을 적절하게 창안하는 것은 체육지도의 원칙이다. 동일한 운동일 경우에는 둥근 모양, 세모꼴 모양, 네모꼴 모양, 부채꼴 모양, T자 모양, S자 모양, 소용돌이 모양 등 여러 가지 모양으로 바꾸어 실시할 수 있다. 이와 같은 운동대형의 변화에 의해서 그 놀이에 대한 흥미를 높일 수 있다.

③ 반대 동작의 운동을 가한다.

후프놀이를 할 때 머리에서부터 후프를 통과시킨 다음 다시 발부터 빠져나오게 할 수 있다. 또 낮은 곳에서 뛰어 내리던 것을 높은 곳에서 한다든지, 공굴리기에 사용하는 공의 크기를 작은 것에서 점차 큰 것으로 교체한다든지 운동의 방법이나 용구를 변화시키게 되면 유아들의 흥미를 높일 수 있다.

④ 복합적, 연속적인 운동을 가한다.

몇 가지 종류의 운동 종목을 함께 묶어서 운동놀이를 실시하게 되면 유아들의 흥미를 높일 뿐 아니라 활동의욕도 커질 것이다. 이를테면 왕복달리기에 있어서 갈 때에는 외발 뛰기, 돌아올 때에는 모둠발 뛰기를 한다든지 후프 빠져나오기, 평균대 걷기, 매트 구르기, 뜀틀 뛰어넘기 등을 복합적, 연속적으로 실시한다. 이 경우 각기 운동에 숙달되어 있어야 함은 물론이다.

2) 의욕적인 지도

유아들은 자기가 좋아하는 운동이나 과거에 경험한 놀이에 대해서는 흥미가 있는데 반대로 새로운 것에 대해서는 두려워하며 적극성을 띠지 않는 경우가 많다.

유아들의 요구만을 들어주게 되면 여러 가지 경험을 쌓거나 운동의 심화를 기대할 수가 없게 된다. 따라서 그와 같은 경우에 있어서는 변화 있는 지도와 함께 그들의 심리적 특징을 생각하여 스스로 흥미와 의욕을 높일 수 있는 지도의 기술고안이 필요하다.

3) 목표를 향한 지도

체육놀이는 교사의 계획에 따라 실시하는 운동이기 때문에 항상 목표를 염두해 두고 있어야 한다. 이를테면 유아에게 필요한 근력을 발달시킨다든지 또는 생활에 필요한 운동감각을 발달시킨다든지 하는 운동효과를 그 내용의 특색에 따라 얻을 수 있도록 유의해야 한다.

4) 심리적 특징을 고려한 지도

① 순번을 오래 기다리지 않게 한다.

유아에게 자기의 순번을 오래 기다리게 하는 것은 흥미를 잃게 하는 원인이 된다. 그렇기 때문에 놀이기구의 수량을 풍부하게 하며 동시에 놀이집단을 3~6명 정도의 소집단으로 활동하는 것이 바람직하다. 또한 하나의 집단이 활동하는 상황을 견학하였다가 집단별로 교체하는 방법을 사용하게 되면 비교적 흥미를 가지고 자기집단의 순번을 기다릴 수 있게 된다.

② 정적운동에 편중되지 않게 한다.

고정된 통나무와 평균대, 정글대 등과 같이 신체이동이 비교적 정적인 운동 놀이는 그다지 피로를 느끼지 않기 때문에 많은 시간을 이것에 소비할 가능성이 있다. 따라서 정적놀이 활동의 경우에는 달리기와 뜀뛰기 등과 같이 활발한 운동 종목을 곁들여서 동적 운동과 정적 운동과의 사이에 균형을 이룰 수 있도록 계획하고 지도해야 한다.

③ 추상적인 맨손체조를 피한다.

유아의 운동을 교사가 말로써 지도하는 것은 무리한 일이다. 특히 맨손체조와 같이 구령에 의해서 실시하는 추상적인 신체운동은 유아에게 부적당하다. 따라서 유아에게 구체적인 사물 즉 동물이나 탈것을 흉내 낸다든가 놀이기구를 활용하여 교사가 의도하는 신체활동으로 유도하는 것이 바람직한 일이다.

④ 경쟁의식을 지나치게 강조하지 않는다.

유아의 경쟁의식은 대체로 만3~4세 경에 발달하기 시작하여 만5세가 되면 뚜렷하게 나타난다. 따라서 이 연령대에 있어서는 경쟁에 대한 올바른 태도를 길러주는 것이 매우 중요한 일이다.

운동놀이의 경우 누구보다도 빠르고, 누구보다도 훌륭하다고 하는 의식을 갖게 한다든지 게임이 승부에 지나치게 구애되는 일은 유아에게 나쁜 영향을 끼친다. 오히려 자기발달에 만족을 주는 기록의 도전에 마음을 쓰게 하는 것이 바람직하다.

⑤ 개인차에 유의한다.

유아의 발달은 유전적 소질과 환경의 영향에 따라서 개인차가 발생한다. 따라서 집단적 체육놀이의 경우 개인적인 경험 유무와 기능의 정도에 유의하지 않으면 뜻하지 않은 부상을 입을 수가 있다. 유아들의 연령만을 고려한 나머지 모든 유아들의 체력이나 기능을 천편일률적으로 추정하는 것은 위험한 일이다. 따라서 처음에는 주로 쉬운 것에서부터 시작하여 그때의 개인동작이나 표정을 관찰하면서 다음 단계로 진행하는 것이 바람직한 지도방법이다.

3. 유아체육 지도자의 역할

초등학교 입학 전 아동들의 체육이란?

「활발한 신체의 움직임을 동반한 놀이를 통하여 무한한 잠재력을 키워 개인적으로 행복하게 하고 나아가 그들의 능력이 국가 발전의 자원이 되도록 건강한 신체와 건전한 정신을 기르는 것이다.」라고 말할 수 있다. 유아체육의 지도자 역할도 그래서 중요한 것이며, 바람직한 형태로 펼쳐지도록 노력을 기울여야 한다(소정룡, 2005).

유아체육지도자의 역할을 살펴보면 다음과 같다.

첫째, 활발한 신체의 움직임을 동반하는 놀이를 여러 가지 형태로 경험하도록 지도한다.

둘째, 활발한 신체의 움직임을 요구하는 놀이를 하는 가운데 신체적인 건전한 발달을 촉진케 하고자 노력한다.

즉 신체지배의 자율성을 활대시킴으로써 어떤 일에 알맞게 몸을 움직이는 능력의 향상을 꾀하자는 것이다. 근력이 요구 될 때 강한 힘을 발휘하거나 지구력이 필요할 때 인내력이 발휘할 수 있도록 자신의 의사에 따라 자유로이 움직일 수 있는 능력을 확대시키는 지도가 절대적으로 필요한 것이다.

셋째, 놀이하는 가운데 지적발달과 정신적 건전성, 정서적 안정성을 기를 수 있는 것이다. 놀이에 대한 욕구를 충족시킴으로써 정서의 안정성을 도모하며 지적인 면에서 창의성을 육성시키고 의지적인 면에서 자발성이나 독립성을 기르도록 한다.

넷째, 놀이를 전개하는 과정에서 사회성의 발달을 꾀할 수 있다. 친구 사귀기를 촉진시킴으로써 친구와 사이좋게 놀기 위해서는 무엇이 필요한가, 또 친구들과 잘 어울리지 않을 경우 어떻게 되는가 등등을 체험하면서 협동심, 경쟁심, 예절, 준법정신과 같은 사회적 성격을 교육함으로써 민주적 태도의 기초를 배울 수 있도록 한다.

유아체육의 주체 대상이 아동들이면, 주체성 또한 아동들에게 있다. 아동들의 자발성과 유아체육의 필요성도 결국은 아동들의 뛰어노는 모습을 통해서 터득했고, 그에 따라 신체활동의 중요성을 인식한 것이다.

V. 유아체육 프로그램 구성 방법

1. 프로그램 구성 원리

① 계획성 : 유아들의 각 연령별, 신체발달별, 체격조건별 수준에 의해 각 단계별로 기초, 중급 유지단계의 난이도 조정에 입각한 체계적이고 구체적인 세부계획 수립

② 다양성 : 유아들의 신체 각 부위를 골고루 발달시킬 수 있는 다양한 프로그램을 구성하여 이상적인 유아의 발육발달에 도움이 되도록 한다.

③ 흥미성 : 유아들은 일상생활에서 신체활동을 원하며 이 같은 욕구를 다양한 운동과 놀이를 통해서 충족시킬 수가 있다. 또한 아동의 건강이나 바람직한 사회적 관계 형성을 위해서 흥미있고 다양한 내용의 신체활동과 운동이 제공되어야 한다.

2. 프로그램의 구성 절차

① 자료수집(유아교육, 신체성장발달, 체육학적 고찰, 관련서적 수집)

② 프로그램 작성(프로그램 지도 계획안, 프로그램 결과 예측)

③ 적용대상(연령별, 신체특정별)

④ 프로그램 지도(학습형태, 지도방침, 교수방법)

⑤ 프로그램 평가(실패와 분석, 성공은 확대, 계속적인 관찰)

⑥ feed back(평가에 따른 프로그램 재개발 및 시도)

3. 프로그램 작성 시 유의사항

① 운동프로그램은 유아들의 심신발달의 특징에 따라 구성되어야 한다.

② 유아들은 근력과 지구력의 발달에 앞서 조정력이 먼저 발달한다. (대뇌의 성숙이 근육이나 내장기관의 기능보다 앞선다.)

③ 운동프로그램은 복잡하고 어려운 것을 피해, 생각하면서 움직이고 움직이면서 생각할 수 있는 내용으로 구성한다.

④ 움직임을 통해 문제를 해결하는 방법으로 사고할 수 있는 기회, 지각변별력을 개발할 수 있는 기회, 성취동기를 이룰 수 있는 기회, 지각변별력을 개발할 수 있는 기회 및 상상력과 창의성을 발달시킬 수 있는 기회 등을 갖게 구성한다.

⑤ 쉬운 것 → 어려운 것, 간단한 동작 → 복잡한 동작, 약한 것 → 힘든 동작 등 트레이닝 원리에 의거한 계획을 수립.

⑥ 흥미 있는 것 → 어려운 동작, 가능한 지칠 때까지, 개인차를 고려

4. 프로그램 지도상의 유의사항

① 유아의 개인차, 성별의 특성, 능력 등을 고려하여 지도 또는 개별지도할 것

② 획일적인 시범위주보다 자발적인 프로그램에 참여할 수 있는 관찰

③ 체육시설과 기구점검 및 안전사고 유의

④ 운동방법의 요점은 인지시킬 것

⑤ 유아의 바른 동작에 칭찬을 해주고 전체 유아를 관찰할 수 있는 위치 선정

⑥ 지도자와 유아의 추종관계의 권위의식을 갖지 말 것

⑦ 유아들의 이해와 협조를 얻을 것

⑧ 즐거운 마음으로 활동할 수 있게 동기유발을 시킬 것

⑨ 항상 유아들의 친구로서 그들 속에 동화되어 지도할 것

⑩ 자신감을 갖게 지도할 것

⑪ 유아의 자연적인 움직임에 늘 유의할 것

⑫ 가능한 운동기구를 많이 사용할 것

⑬ 지도 목표가 뚜렷해야 한다.

⑭ 기초체력과 기본기능에 대한 프로그램방안이 수립되어야 한다.

⑮ 시간 활용을 잘 해야 한다.

Ⅵ. 유아체육 연간 교육계획안

다양한 신체활동을 통하여 신체의 기본 움직임을 이해하고 지각과 운동 기능의 협응 속에서 기초운동능력과 신체를 조절할 수 있는 능력 그리고 자신을 표현 할 수 있는 기회를 체험하여 건강하고 안전한 생활습관을 갖는다.

단계별 지도법

- 1단계 : 체육에 대한 흥미유발 및 연령별 도입 지도 (신체활동에 적극적으로 참여하고 새로운 활동에 적응하도록 지도)
- 2단계 : 기본동작놀이를 통한 다양한 신체움직임에 대한 지도 (기구와 시설의 올바른 사용과 각종 안전지도)
- 3단계 : 연령별 난이도에 따른 소도구 놀이를 통한 자신감 배양을 위한 놀이 지도(개인차 고려)
- 4단계 : 연령별 난이도에 따른 대도구 놀이를 이용한 놀이 지도(개인차 고려)
- 5단계 : 모든 체육활동(신체놀이)에 대한 즐거움과 자신감을 느끼고, 스스로 통제할 수 있도록 지도

프로그램 분류

<table>
<tr><td rowspan="6">체조</td><td rowspan="5">맨손체조</td><td>스트레칭(stretching)</td><td rowspan="5">기계체조</td><td>뜀 틀</td></tr>
<tr><td>짝 체조</td><td>매 트</td></tr>
<tr><td>꾸미기체조</td><td>평 균 대</td></tr>
<tr><td>일렬체조</td><td>유 니 바</td></tr>
<tr><td>교정체조</td><td>철 봉</td></tr>
<tr><td>AEROBIC</td><td colspan="3">율동</td></tr>
<tr><td colspan="2">소 도 구 놀 이</td><td colspan="3">공(구기)놀이, 줄 놀이, 후프놀이, 장판놀이, 낙하산놀이,
신체표현 카드, 스케이트보드, 타이어, 신문 등</td></tr>
<tr><td colspan="2">신 체 표 현</td><td colspan="3">숫자놀이, 모양 만들기, 형태 꾸미기, 그룹놀이, 문자놀이</td></tr>
<tr><td colspan="2">요 가</td><td colspan="3">명상, 정좌, 얼굴이 밝아지는 요가, 키를 쑥쑥 크게 하는 요가 1, 2,
평형감각과 팔다리를 튼튼하게 하는 요가 등</td></tr>
<tr><td colspan="2">물 놀 이</td><td colspan="3">물놀이 체조</td></tr>
<tr><td colspan="2">동 작 기 구 놀 이</td><td colspan="3">롱 에어 놀이, 밸런스 매트 놀이, 도너츠 매트 놀이 등</td></tr>
<tr><td colspan="2">RECREATION</td><td colspan="3">노래, 율동, 게임</td></tr>
<tr><td colspan="2">무 용</td><td colspan="3">민속무용, 창작무용, 레크리에이션댄스, 유아무용기초</td></tr>
<tr><td colspan="2">체 력 운 동</td><td colspan="3">근력, 근 지구력, 지구력, 순발력, 민첩성, 유연성, 신체검사, 체력검사</td></tr>
<tr><td colspan="2">생 활 교 육</td><td colspan="3">건강교육, 안전, 보건위생, 질서, 응급처치, 예절교육</td></tr>
<tr><td colspan="2">야 외 교 육</td><td colspan="3">실외수업, 계절운동, 체육행사, 공개수업, 참관수업, 재롱잔치,
계절교육(운동회, 캠프, 수영)</td></tr>
</table>

1. 연간 교육계획안

1학기 교육 목표

신체움직임을 이해 할 수 있는 기초체력과 동작놀이 그리고 다양한 교구놀이를 통하여 기본적인 감각 운동기능과 운동수행능력을 신장시켜 흥미와 즐거움 속에서 자율적으로 참여하여 자주성과 창조성을 바탕으로 한 신체활동 능력을 기른다.

구분＼월	3 월	4 월	5 월	6 월	7 월	8 월
주제	만나서 반가워요	참 재미있어요	자신 있어요	혼자서도 잘해요	즐거운 놀이	야! 여름이다
목표	체육에 대한 흥미를 돋우고 기본동작을 익힌다.	기구를 이용한 간단하고 흥미로운 기본 운동놀이를 통하여 기구에 대한 적응력 및 흥미를 유발시키고 유아들의 기초 체력을 알아본다. ※ 1차 운동능력 검사	대도구 및 소도구 놀이를 통하여 기구에 대한 흥미와 관심을 높이고 자신감을 가지게 할 수 있는 체육수업이 되도록 한다.	다양한 소도구 놀이 P/G을 적용하여 흥미와 즐거움을 갖게 하며 고른 신체 조절 능력을 발달시켜 신체활동 표현에 대한 자신감을 기른다.	유아의 각 신체부위 별 활동 범위를 넓히며 신체 조정력 및 협응력을 기르고 복합적인 움직임을 발달 시킬 수 있는 경험을 준다.	※여름방학
내용	· 안녕하세요 · 줄나라 여행 · 똑같아요 · 반구놀이	· 토끼와 거북이 · 징검다리를 건너요 · 빨리빨리 · 침대 같아요.	· 굴러가라 링 · 통통통 · 신나는 게임1 · 힘껏 밟아요 · 저 높은 곳을 향하여	· 비단길을 걸어요 · 비석놀이 · 외나무 다리에서 · 굴려보아요	· 신문지 놀이 · 1학기 대도구 종합 · 낙하산 놀이 · 돌격! 앞으로 · 신나는 게임2	· 방학 특강 프로그램 · 물놀이

2학기 교육 목표

놀이교구를 안전하게 사용하는 방법과 여러 가지 신체움직임 방법을 익혀 운동발현 능력과 신체를 자유롭게 조절할 수 있는 조절능력을 키워 자신의 느낌과 생각을 표현하여 다양한 신체활동을 생활화 할 수 있는 능력을 기른다.

구분＼월	9 월	10월	11월	12월	1 월	2 월
주제	바람이 상쾌해요	신나게 뛰어요	몸도 튼튼 마음도 튼튼	우린 춥지 않아요	새해가 되었어요	많이 자랐어요
목표	다양한 놀이를 통한 기초운동 능력 향상으로 신체의 균형있는 발달과 활동 능력을 발달 시켜 활동 욕구를 충족 시킨다.	운동회에 관련된 게임 및 놀이 등을 통하여 규칙과 질서에 대해 이해하고 단체에서의 협동심 및 기초 운동 능력을 배양한다.	2차 운동능력 검사를 통하여 유아들의 기초 체력을 평가해 보고, 사고력 발달을 위한 지각 발달 놀이를 통하여 조정력, 평형성, 민첩성을 기른다.	겨울철에 일어날 수 있는 사고 대처 능력을 길러주고, 산타율동을 통하여 심폐지구력을 길러주고, 즐거운 추억으로의 기대감을 조성한다.	※ 겨울방학	우리 나라 고유의 민속놀이에 대해 알아보고 경험하여 기초체력을 향상 시킨다.
내용	· 징검다리를 건너요 · 빨리빨리 · 민속놀이 · 푹신푹신 해요	· 굴러가라 · 통통통 · 신나는 게임 3 · 힘껏 밟아요 · 저 높은 곳을 향하여	· 비단길을 걸어요. · 비석놀이 · 외나무 다리에서 · 굴려 보아요 · 반구놀이	· 썰매를 타는 · 펄펄 눈이 옵니다. · 와! 산타할아버지다 · 2학기 대도구 종합 · 설날놀이	• 방학 특강 프로그램	· 신나는 게임 4 · 비단길을 걸어요 · 장판놀이 · 아이짐 놀이

2. 영역별 연간 교육계획안

<table>
<tr><th colspan="3">월</th><th>3 월</th><th>4 월</th><th>5 월</th></tr>
<tr><td colspan="3">주 제</td><td>- 만나서 반가워요</td><td>- 참 재미있어요</td><td>- 자신 있어요</td></tr>
<tr><td colspan="3">목 표</td><td>- 체육에 대한 흥미유발 및 질서의식 함양</td><td>- 신체표현능력의 향상과 유아들의 기초체력 파악</td><td>- 기구운동에 대한 흥미 유발과 자신감 배양</td></tr>
<tr><td rowspan="8">활
동
영
역</td><td colspan="2">기 초
체 력</td><td>- 기본체조 및 유연성 운동
· 휘파람을 불며(준비체조)
· 스트레칭 체조
· 나무 만들기</td><td>- 유연성, 순발력 운동
· 뽀뽀하기
· 하늘보기
· 사과 따기
- 1차 운동 능력 평가</td><td>- 유연성, 평형성, 근력운동
· 산 넘고 동굴 통과
· 종이배 만들기
· 허수아비 만들기
· 배꼽 잡기</td></tr>
<tr><td colspan="2">대도구
놀 이</td><td rowspan="2">· 안녕하세요
· 누가 누가 잘하나
· 다같이 재미있게
· 올바른 자세로 “안녕하십니까?”
· 줄서기 놀이
· 약속 게임
· 체육선생님과의 한판승부!
· 재미있어요, 체육선생님!!
- 신체표현놀이
· 신체 활동영역을 이해하고 공간지각 능력 배양</td><td>- 매트
· 기초운동을 통해 유연성 배양</td><td>- 유니바
· 방향성과 속도개념의 이해
- 구름판
· 신체협응력 배양</td></tr>
<tr><td colspan="2">소도구
놀 이</td><td>- 줄 놀이
· 걷기, 뛰기, 넘기
- 장판놀이
· 불규칙적인 동작 익히기</td><td>- 통통통 (타이어)
- 캉캉자루
· 다양한 점프를 통한 순발력 배양
- 스케이트 보드 놀이
· 다양한 소도구 놀이를 통하여 순발력, 협응력을 기른다.</td></tr>
<tr><td colspan="2">스포츠
놀 이</td><td>- 육상
· 다양한 동작을 통하여 주어진 공간에서 이동과 비 이동 동작에 적응한다.</td><td>- 태권도(기본동작)
· 기본자세를 정확하게 습득 한다.</td><td>- 태권도
· 기본자세를 바탕으로 기초 동작들을 습득한다.</td></tr>
<tr><td colspan="2">유아레크
및 요가</td><td>- 손 유희
- 율동(체조)
- 요가 (숨쉬기, 정좌)</td><td>- 기찻줄 놀이
- 요가
(균형을 키워주는 요가)</td><td>- 율동(행사율동)
- 요가
(등을 바르게 펴는 요가)</td></tr>
<tr><td rowspan="2">동
작
놀
이</td><td>기구
놀이</td><td></td><td>- 롱 에어 기구를 통하여 여러 가지 동작을 경험</td><td>- 밸런스 매트를 통하여 신체의 중심이동에 대한 이해</td></tr>
<tr><td>신체
표현</td><td>- 아빠, 엄마, 아기 다리 만들기
- 사과씨앗이 되어보자
- 몸에 풀 칠 하기</td><td>- 몸으로 숫자 만들어 보기
- 자전거 여행
- 징검다리 건너기</td><td>- 놀이터에 가보자
- 토끼와 호랑이</td></tr>
<tr><td colspan="2">생 활
교 육</td><td>- 인사예절(인사 잘하기)</td><td>- 질서(차례를 잘 지키자)</td><td>- 양보, 인내
(친구에게 양보 잘하기)</td></tr>
</table>

월			6 월	7 월	8 월
주 제			- 혼자서도 잘해요	- 즐거운 놀이	- 야! 여름이다
목 표			- 기초체력과 신체조절 능력 배양	- 기본운동능력 및 지각운동 능력 배양	- 방학 중 가족 프로그램을 적용하여 지속적인 기초체력 발달의 유지와 수상 안전교육
활동영역	기초체력		- 민첩성. 순발력 운동 · 체조 · 발바닥으로 박수치기 · 파리 잡기 · 버피 테스트	- 유연성. 근력, 평형성 배양 · 체조 · V자 버티기 · 비행기 만들기	- 유연성, 근력 운동 · 체조 · 수영 발 차기 · 가위 놀이 · 팔 벌려 뛰기 - 여름방학 가족 프로그램
	대도구 놀이		- 뜀틀 · 기초동작을 위한 적응놀이 - 평균대 · 미적표현능력을 길러 주고 자신감 배양	- 대도구 종합놀이 - 돌격 앞으로 · 여러 가지 동작놀이를 통하여 자신감 및 협응력을 기른다.	
	소도구 놀이		- 천 놀이 · 다양한 소도구 놀이를 통하여 순발력, 협응력을 기른다. - 링 놀이 · 소근육 발달 및 협응력 배양	- 낙하산 놀이 · 여러 가지 모양 만들기를 통하여 협응력과 협동심을 기른다. - 신문지 놀이 · 신문지를 이용하여 여러 가지 신체표현과 눈을 만들어 본다.	
	스포츠 놀이			- 태권도 · 대, 소도구를 이용한 태권도 종합놀이	- 수영놀이(특강)
	유아레크 및 요가		- 게임 · 보물을 찾아라 - 요가 (골반을 바르게 하는 요가)	- 게임 · 여우야 여우야 뭐하니? - 요가(등뼈가 튼튼해지는 요가)	
	동작놀이	기구놀이	- 무지개통 기구를 통하여 신체활동 범위에 대한 이해		- 종합 동작 기구놀이
		신체표현	- 팝콘이 되어보자 - 상상 속의 공을 가지고 다양하게 놀아 본다.	- 낙하산으로 빗소리 내어보기 - 동굴 속 탐험	
	생활교육		- 규칙적인 생활 (일찍 자고 일찍 일어나기)	- 협동	- 수상안전지도

월		9 월	10 월	11 월
주 제		- 바람이 상쾌해요	- 신나게 뛰어요	- 몸도 튼튼, 마음도 튼튼
목 표		- 다양한 놀이를 통해 질서와 규칙의 중요성 인식	- 민속놀이를 통하여 신체 조절 능력 향상	- 여러 가지 정확한 동작을 익혀 올바른 신체 발달을 도모
활동영역	기초체력	- 민첩성, 지구력 운동 · 체조 · 발바닥 박수 치기 · 누워서 빨리 일어나기	- 순발력, 유연성, 평형성 운동 · 체조 · 무지개 만들기 · 제자리 멀리뛰기 · 팽이돌기	- 유연성, 근력, 순발력 운동 · 침대 만들기 · 게걸음 걷기 · 땅 짚고 점프하기 - 2차 운동 능력 평가
	대도구 놀이	- 매트 놀이 · 갖가지의 표현능력배양	- 평균대 놀이 · 정적, 동적 감각운동의 배양	- 유니바 놀이 · 다양한 모양의 뛰기, 걷기 놀이를 통하여 기초체력 향상 및 단계별로 난이도를 높인다. - 구름판· 신체 협응력 배양
	소도구 놀이	- 고깔놀이 - 코끼리 발 - 토끼 줄다리기(줄놀이) · 순발력, 민첩성 배양 - 천 놀이 · 다양한 소도구 놀이를 통하여 순발력, 협응력을 기른다.	- 왕 고깔놀이 · 순발력, 민첩성 배양 - 작은 매트 놀이 · 민첩성 및 평형성 배양 - 투호, 제기 놀이 · 고유 민속놀이를 통한 우리의 놀이	- 낙하산 놀이 · 여러 가지 모양 만들기를 통하여 협응력과 협동심을 기른다. - 스케이트 보드 놀이 · 다양한 소도구 놀이를 통하여 순발력, 협응력을 기른다.
	스포츠 놀이	- 야구 · 던지기, 받기 - 축구 · 드리블, 슈팅	- 씨름 · 예절배우기 · 잡는 법 배우기	- 태권도 · 기본동작을 바탕으로 여러 동작을 혼합시켜 배운다.
	유아 레크 및 요가	- 율동 · 행사율동 - 요가 (목과 어깨가 편해지는 요가)	- 게임 · 나는 농구 선수 - 요가 (아랫배가 쏙 들어가는 요가)	- 손유희 · 도깨비를 찾아서 - 요가 (힘을 키워주는 요가)
	동작놀이 - 기구놀이		- 도너츠 매트놀이를 통하여 다양한 동작 표현	- 유니바를 통해 여러 가지 다양한 경험을 이해
	동작놀이 - 신체표현	- 친구 춤추는 모습 따라하기 · 자주성과 창조성을 바탕으로 한 다양한 움직임의 표현능력 배양	- 여러 가지 날씨	- 상상으로 동물 표현하기 - 목욕탕에서
	생활교육	- 양보와 협동 (친구에게 양보 할 줄 알기)	- 규칙과 질서 (정정당당히 게임에 임하는 사람이 되자)	- 교통질서 지키기, 불조심하기

월			12 월	1 월	2 월
주 제			- 우린 춥지 않아요	- 새해가 되었어요	- 많이 자랐어요
목 표			- 산타 율동을 통한 심폐 지구력 향상과 종합놀이를 통하여 대도구 조작 운동능력 배양	- 방학중 가족 프로그램을 통하여 지속적인 기초체력 발달을 유지	- 민속놀이를 통한 건강하고 활동적인 생활유도
활동영역	기초체력		- 근력, 유연성, 협응력 운동 · 체조 · 종이배 만들기 · 2인 1조 톱질하기	- 평형성, 순발력, 민첩성 운동 · 팽이돌기 · 개구리 뛰기 · 엉덩이 보여주기 - 겨울방학 가족 프로그램	- 유연성, 민첩성 운동 · 도형 그리기 · 무지개 만들기 · 산 넘고 터널 통과하기
	대도구 놀이		- 뜀틀 · 난이도 높은 놀이를 통하여 자신감배양		- 대도구 종합운동(매트, 평균대, 유니바, 뜀틀) · 대도구 놀이를 통해서 기초체력 향상
	소도구 놀이		- 신문지 놀이 · 신문지를 이용하여 여러 가지 신체표현과 눈을 만들어 본다. - 링 놀이 · 소근육 발달 및 협응력 배양		- 투호, 제기 놀이 · 고유민속놀이를 통한 우리의 놀이 이해
	스포츠 놀이			- 특강 · 태권도	- 유아씨름 - 태권도
	유아레크 및 요가		- 산타 율동 - 요가 (자신감을 키워 주는 요가)		- 레크레이션 - 요가 (키를 쑥쑥 크게 하는 요가)
	동작놀이	기구 놀이		- 종합 동작 기구놀이	
		신체 표현	- 눈사람을 만들자 - 산타할아버지 흉내 내기	- 태권동자 선수가 되어보자	- 훌륭한 사람이 되고 싶어요. - 그네 타기, 널뛰기
	생활교육		- 건강한 생활습관 (손, 발 깨끗이 닦기)	- 예절 (큰절하는 법)	- 바른말과 바른 행동

3. 월간 교육계획안(예)

2월 교육계획안			목표	설날민속놀이를 통하여 건강하며 활동적인 생활을 유도하고 대도구놀이를 통해 신체활동욕구를 충족 시켜준다.							
주	단원	연령	활동영역								
			기초체력	대도구놀이	소도구놀이	스포츠	유아레크 및 요가	신체표현	생활교육	기대효과	준비물
1	설날놀이	5	- 2인 1조 업어주기 - 2인 1조 산 만들기		- 제기차기, 윷놀이, 투호놀이	유아씨름	- 게임 · 닭싸움 - 요가 숨쉬기, 정좌	· 그네타기 · 널뛰기	·고운 말 예쁜 말 쓰기	·전신 지구력 ·민첩성 ·순발력	· 제기 · 윷
		6	- 2인 1조 업어주기 - 2인 1조 산 만들기		- 제기차기, 윷놀이, 투호놀이						
		7	- 신체 도형 만들기 - 산 넘고 동굴통과		- 제기차기, 윷놀이, 투호놀이						
2	레크리에이션	5	- 무릎에 뽀뽀하기 - 2인 1조 등 씨름	· 둥글게 둥글게 짝! 둥글게 둥글게 짝! · 즐겁게 춤을 추다가 그대로 멈춰라! · 색깔카드를 A편은 하얗게 B편은 파랗게 · 카드게임(카드 날리기, 돌다리 건너뛰기)			- 게임 · 카드 뒤집기 - 요가 · 바른 숨쉬기, 정좌		·바르게 식사하기	·집중력 ·민첩성	·색깔 카드 ·수건
		6	- 2인 1조 엉덩이씨름 - 등대고 업어주기								
		7	- 등대고 앉았다, 일어서기								
3	종합놀이	5	- 자전거 타기 - 거북이 만들기	· 유니바 넘기 · 매트 앞구르기 · 평균대 걷기 · 뜀틀 넘기			- 게임 · 기구 종합 · 장애물 놀이 - 요가 · 바른 자세로 앉기	·훌륭한 사람이 되고 싶어요	·거짓말 하지 않기	·근력 ·순발력 ·민첩성 ·평형성	·유니바 ·매트대 ·평균대 ·뜀틀
		6	- 무릎 배 당기 - 손수레 만들기								
		7	- 물개 만들기 - 무지개 만들기								
게시판											

4. 일일 교육계획안(예)

주 제		줄나라 여행 (긴 줄)	일 시	00 년 00 월 00 일
대 상		5 세	지도 교사	홍 길 동
활동 목표		줄 놀이를 통하여 순발력, 민첩성, 근력을 배양시킨다.		
연령	구 분	활 동 내 용	지도 유의점	준비물
5세	도 입 (준비 운동)	1. 발바닥 박수 치기 - 신호에 맞춰 제자리 점프 하여 손과 발을 박수 친다. 2. 사과 따기 - 가상의 사과 나무을 머릿속으로 생각여 선생님의 신호에 맞춰 높이 뛰어 사과를 따는 흉내를 낸다.	1.발바닥 박수 치기 - 연령에 따라 박수 횟수를 증가시킨다. 2. 사과 따기 - 높이와 수량을 증가시켜 가며 연속 또는 한 손, 두 손으로 딸 수 있게 유도 한다.	긴 줄, 뿅 망치
	전 개 (본 운동)	1. 줄 따라 걷기, 뛰기 - 긴 줄을 이용하여 여러 가지 형태의 길을 만들어 준 다음 그 위를 밟고 걷고, 뛰어 본다. 2. 강 건너기 - 두 개의 긴 줄을 평행하게 놓고 줄 사이의 거리를 조절하여 유아가 그 사이를 뛰어 본다. 3. 호랑이와 토끼 - 줄을 두 갈래로 피라미드를 만든다. - 꼭지점에서 호랑이가 뿅망치(토끼)를 들고 낮잠을 자고 있다. - 유아들은 호랑이가 잠에서 깨지 않게 조용히 들어가서 뿅망치(토끼)를 신속히 치고 자기 자리로 이동한다. (여기서 뿅망치(토끼)를 치는 개념은 “호랑이로부터 토끼를 구해낸다”를 의미 한다. - 만약 뿅망치(토끼)를 때리고 호랑이에게 잡히면 토끼를 구해내지 못한 동시에 자신도 호랑이에게 잡히는 것을 의미한다.	1. 줄 따라 걷기. 뛰기 - 줄의 모양을 여러 가지 형태로 변형하여 유아들의 흥미를 잃지 않게 한다. 2. 강 건너기 - 어려워하는 유아의 경우 선생님 곁에서 뛰게 하여 뛰는 순간 줄의 높이를 살짝 낮춰 자신감을 가지게 한다. 3. 호랑이와 토끼 - 호랑이가 잠을 잘 때 코를 “드르렁” 골며 자면 더욱 기대효과가 크다.	

	정 리 (정리 운동)	1. 발바닥에 풀칠하기 - 머릿속에 있는 상상의 풀을 꺼내어 다리 뒷면에 풀칠을 하고, 바닥에 두 발을 곧게 펴고 앉아 양손을 들어 몸을 앞으로 숙인다.	1. 발바닥 풀칠하기 - 다리의 근육을 주로 사용하게 되는 줄 놀이 활동으로 인한 다리 근육의 피로를 풀어준다.	
평 가				

Ⅶ. 유아체육 실전 프로그램

1. 신체적성 놀이

유연성

1) 나무 만들기

- 활동목표 : 허리의 유연성을 기른다.
- 활동유형 : 소집단(개별 실시)
- 준비물 : 매트
- 활동방법
  - 숲속의 나무를 연상시킨다.
  - 자리에 앉아 아기나무를 만든다.
  - 아기 나무가 아빠 나무가 되기까지의 과정을 표현한다.
  - 아기 나무는 조금씩 자라나 아빠 나무가 된다.
  - 제자리서서 허리를 쭉 펴고 손깍지를 낀다.
  - 선생님이 바람이 되어 나무를 향해 바람을 분다.
  - 유아는 아빠 나무가 된 상태에서 위, 아래, 좌, 우, 뒤로 움직이는 동작을 한다.
- 유의점 : 유아의 발이 매트 위에서 떨어지지 않도록 유의한다.

♧ 예) 바람이 불어도 나뭇가지만 흔들립니다. 나무는 뿌리가 단단하기 때문에 움직이지 않아요. 라고 하며 다시 한 번 발이 떨어지지 않도록 주의시킨다.

2) 무릎에 뽀뽀하기

- 활동목표 : 허리와 다리의 유연성을 기른다.
- 활동유형 : 소집단(개별 실시)
- 준비물 : 매트
- 활동방법
  - 매트 위에 다리를 곱게 펴고 앉는다.
  - 상상주머니에서 가상의 풀을 만들어 꺼낸다.
  - 그 풀을 이용하여 다리에 풀칠한다.
  - 두 손은 높이 들어 귀에 붙이고 천천히 허리를 숙인다.
  - 천천히 허리를 숙여 무릎에 뽀뽀할 수 있도록 유도한다.
- 유의점 : 유아의 다리가 매트에서 떨어지지 않도록 한다.

♧ 예) 다리에 풀을 칠했어요. 풀을 칠했으니 다리가 떨어지지 않겠죠.

3) 종이배 만들기

- 활동목표 : 허리와 다리의 유연성을 기른다.
- 활동유형 : 소집단(개별 실시)
- 준비물 : 매트
- 활동방법
  - 배꼽을 바닥에 대고 매트 위에 엎드린다.
  - 몸을 활처럼 만들어 왼손은 왼쪽 발목을 오른손은 오른쪽 발목을 잡는다.
  - 이 때 머리는 하늘을 향한다.
- 유의점 : 머리와 손이 매트 바닥에 닿지 않도록 유의한다.

예) ▸ 멋지게 종이배를 만든 친구는 선생님이 양쪽 발목과 손을 잡고 들어 앞뒤로 흔들어 준다.

▸ 유아를 내려놓을 때에는 턱이 바닥에 부딪치지 않도록 주의하여 내려놓는다.

4) 나비 만들기

- 활동목표 : 허리와 다리의 유연성을 기른다.
- 활동유형 : 소집단(개별 실시)
- 준비물 : 매트
- 활동방법
  - 매트 위에 다리를 곱게 펴고 앉는다.
  - 앉아서 발바닥을 붙여 엉덩이 쪽으로 당기며 다리를 위 아래로 흔든다.
  - 이 때 동요 "나비야"를 부르면서 하면 효과적이다.
- 유의점 : 발바닥이 떨어지지 않도록 유의한다.

♧ 예) 나비야 노래를 부르며 다리로 나비를 연상하여 힘차게 날개 짓을 한다.

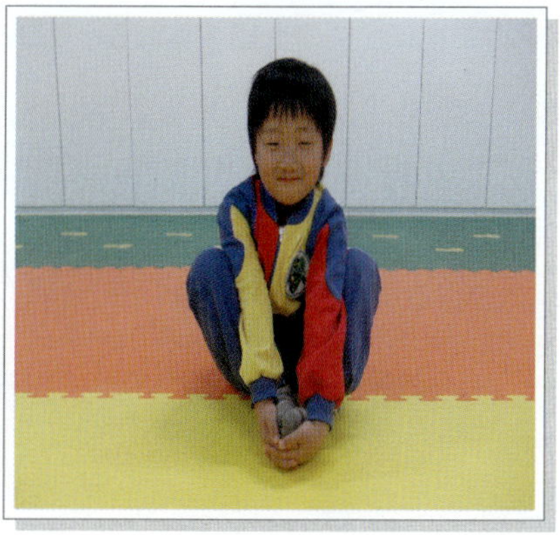

5) 물개 만들기

- 활동목표 : 허리의 유연성을 기른다.
- 활동유형 : 소집단(개별 실시)
- 준비물 : 매트
- 활동방법
  - 배꼽을 바닥에 대고 매트 위에 엎드린다.
  - 두 손을 배 옆에 짚고 팔을 펴고 허리를 든다.
  - 이 때 머리는 하늘을 향한다.
- 유의점 : 팔과 다리가 구부려지지 않도록 유의한다.

6) 무지개 만들기

⇒ 활동목표

- 허리의 유연성을 기른다.
- 팔과 다리의 근력을 기른다.

⇒ 활동유형 : 소집단(개별 실시)

⇒ 준비물 : 매트

⇒ 활동방법

- 매트 위에 바르게 눕는다.
- 양쪽다리를 벌려 무릎을 세운다.
- 양쪽 손을 귀 옆에 놓고 어깨와 배를 든다.
- 몸을 활처럼 만들어 정지한다.

⇒ 유의점 : 동작을 하나하나 천천히 단계적으로 한다.

♧ 예) 연령이 어린 유아는 원형 매트를 이용하여 그 위에 눕는 방법을 선택한다.

7) 전화 받기

- 활동목표 : 다리의 유연성을 기른다.
- 활동유형 : 소집단(개별 실시)
- 준비물 : 매트
- 활동방법
  - ▸매트 위에 아빠 다리를 하고 앉는다.
  - ▸한쪽 발을 들어 귀에 대고 전화 받는 동작을 한다.
  - ▸전화 통화를 실시한다.
  - ▸통화의 내용은 유아들이 같은 답이 나올 수 있는 내용들로 선택한다.
  - ▸똑같은 동작으로 발 냄새 맡기를 하여 동작에 변형을 줄 수 있다.
- 유의점 : 발이 귀에서 떨어지지 않도록 유의한다.

예) ▸전화 통화의 내용
▸어느 유치원에 다녀요, 몇 살이에요. 무슨 반 이에요.
▸지금은 무슨 수업시간이에요 등

8) 고양이 만들기

- 활동목표 : 허리의 유연성을 기른다.
- 활동유형 : 소집단(개별 실시)
- 준비물 : 매트
- 활동방법
  - 무릎을 꿇고 매트 위에 앉는다.
  - 양손은 바닥을 짚은 뒤, 등을 올렸다 내렸다 반복한다.
  - 가장 기본적인 동작이므로 연령이 어린 유아들이 하기에 적합하다.
- 유의점 : 무릎과 목이 내려가지 않도록 유의한다.

♧ 예) 고양이가 화가 나 털을 세우는 동작을 연상시킨다.

9) 2인 1조 등대고 하늘보기

⇨ 활동목표

- 허리의 유연성을 기른다.
- 팔과 다리의 근력을 기른다.

⇨ 활동유형 : 소집단(2인 1조 실시)

⇨ 준비물 : 매트

⇨ 활동방법

- 두 유아가 매트 위에 등을 대고 바르게 앉는다.
- 두 유아의 간격은 주먹하나 들어갈 정도로 한다.
- 서로 팔짱을 끼고 등을 대고 서서 한 명씩 상대방의 등위로 눕는다.

⇨ 유의점 : 신장과 체중이 비슷한 유아끼리 짝이 될 수 있도록 한다.

10) 2인 1조 톱질하기

- 활동목표 : 허리와 다리의 유연성을 기른다.
- 활동유형 : 소집단(2인 1조 실시)
- 준비물 : 매트
- 활동방법
  - 두 유아가 다리를 곧게 편 뒤, 발바닥을 붙이고 앉는다.
  - 상상주머니에서 가상의 풀을 만들어 꺼낸다.
  - 그 풀을 이용하여 다리에 풀칠한다.
  - 양손을 잡고 박 타는 동작을 한다.
- 유의점
  - 다리가 매트에서 떨어지지 않도록 유의한다.
  - 유아들이 잡은 손을 놓지 않도록 주의시킨다.

♧ 예) 흥부와 놀부의 동화를 연상시키고 상상의 박을 만들어 박 타는 동작을 유발시킨다.

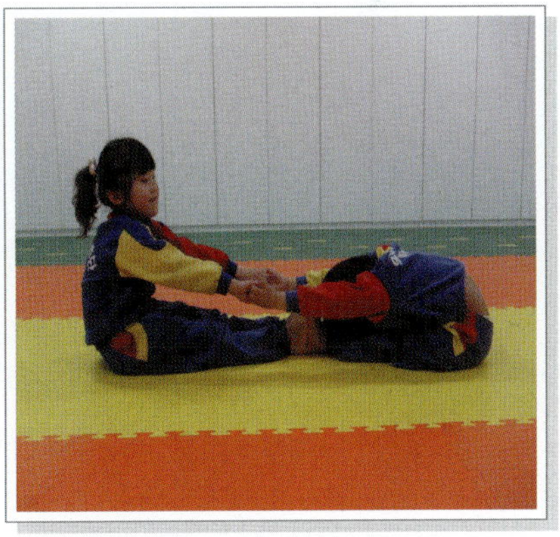

근력

1) 시소타기

- 활동목표 : 다리의 근력을 기른다.
- 활동유형 : 소집단(개별 실시)
- 준비물 : 매트
- 활동방법
  - 놀이터의 시소를 연상시킨다.
  - 선생님과 유아가 가상의 시소를 만들어 시소타기를 한다.
  - 제자리에 바르게 서서 앉았다 일어서기를 반복하는 동작을 한다.
- 유의점 : 엉덩이가 땅에 닿거나 무릎이 적절하게 굽혀지는 지에 유의한다.

♧ 예) 놀이터의 시소타기를 합니다. 선생님이 올라오면 유아는 내려가고 선생님이 내려가면 유아는 올라갑니다. 속도를 조절하며 반복동작을 한다.

2) V자 버티기

- 활동목표 : 다리와 배의 근력을 기른다.
- 활동유형 : 소집단(개별 실시)
- 준비물 : 매트
- 활동방법
  - 엉덩이만 땅에 대고 매트 위에 앉아 상체와 다리를 든다.
  - 다리는 영문 V자 형태로 만든다. 이때 손은 배꼽에 댄다.
  - 양다리로 종이 자르는 동작을 한다.
  - 양다리를 이용하여 네모, 동그라미, 세모를 그리는 동작을 한다.
- 유의점 : 발이 땅에 닿거나 몸이 매트 바닥에 눕지 않도록 유의한다.

♧ 예) 마법사가 되어 원아들의 다리를 가위로 변신시킨다. 짠 ~ 짠
다리에 마법을 걸어 다리를 색연필로 변신시킨다. 뿅 ~ 뿅

3) 무릎 꿇고 팔굽혀 펴기

- 활동목표 : 팔의 근력을 기른다.
- 활동유형 : 소집단(개별 실시)
- 준비물 : 매트
- 활동방법
  - 벽을 짚고 팔을 구부렸다 편다.
  - 매트 위에 무릎을 붙이고 다리를 든다.
  - 매트 위에 두 손을 붙이고 팔을 구부렸다 펴는 동작을 반복한다.
- 유의점
  - 가슴과 다리가 바닥에 닿지 않도록 유의한다.
  - 처음부터 무리하게 많이 하지 않는다.

예) 팔굽혀 펴기를 할 때마다 숫자를 큰 목소리로 세어 가며 실시한다.

3) 윗몸 일으키기

- 활동목표
  - 배의 근력과 근 지구력을 기른다.
  - 심폐지구력과 유연성 및 순발력을 기른다.
- 활동유형 : 소집단(2인 1조 실시)
- 준비물 : 매트
- 활동방법
  - 유아들의 팔을 머리 뒤로 하여 깍지를 끼고 누워, 다리는 세운다.
  - 다른 유아 한 명이 누워 있는 원아의 다리를 잡아준다.
    (또는 발 위에 엉덩이를 깔고 다리 사이로 손을 넣어 잡아준다.)
  - 누워있는 원아는 몸을 일으켜 팔꿈치를 무릎에 닿도록 한다.
  - 5회에서 10회 정도 실시 후 바꿔서 한다.
- 유의점
  - 무리한 활동으로 갑자기 배에 무리가 가지 않도록 한다.
  - 횟수를 차츰 늘려가며 놀이한다.

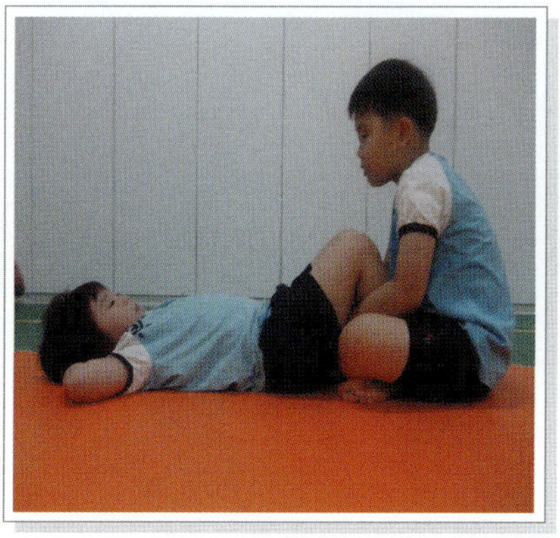

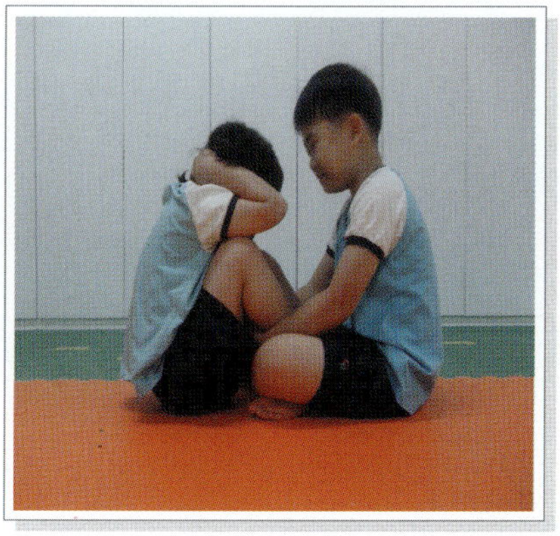

5) 돛단배 만들기

- 활동목표 : 팔과 다리, 배의 근력을 기른다.
- 활동유형 : 소집단(2인 1조 실시)
- 준비물 : 매트
- 활동방법
  - 바다의 돛단배를 연상시킨다.
  - 체격이 비슷한 유아가 한 조가 된다.
  - 두 명의 유아가 마주 앉아 손을 잡고 다리를 대고 들어 올려 뻗는다.
  - 그 상태에서 몸의 균형을 잡는다.
- 유의점
  - 친구와 손을 잡은 후 다리를 한 발씩 들어 올린다.
  - 팔과 다리를 쭉 펴도록 한다.
  - 시간을 차츰 늘려가며 놀이한다.

6) 부채 만들기

➾ 활동목표

- 팔과 다리의 근력을 기른다.
- 몸의 평형성을 기른다.

➾ 활동유형 : 소집단(3명 실시)

➾ 준비물 : 매트

➾ 활동방법

- 부채를 연상시킨다.
- 가운데 유아가 팔을 벌리고 서면 양 옆에 두 명의 유아가 선다.
- 양 옆의 유아는 한 손은 바닥을 짚고, 다른 한 손은 가운데 친구의 손을 잡고 두발을 가운데로 모아 옆으로 쭉 뻗는다.
- 10초에서 15초정도 유지한다.

➾ 유의점

- 다리의 근력이 어느 정도 이루어진 후 한다.
- 가운데 유아는 양 옆 유아의 손을 한 명씩 차례대로 잡으며 몸의 균형을 유지한다.
- 무릎을 편 뒤 앞을 본다.

7) 벽 밀기

- 활동목표 : 팔과 다리의 근력을 기른다.
- 활동유형 : 소집단(2인 1조 실시)
- 준비물 : 매트, 호루라기
- 활동방법
  - 매트 위에 2명의 유아가 벽을 보고 선다.
  - 이 때 유아와 벽의 간격은 50cm 정도로 한다.
  - 양손바닥을 벽에 붙이고 미는 동작을 한다.
  - 또는 마주 보고 서서 호루라기 소리에 맞추어 서로의 손바닥을 쳐 밀리지 않도록 한다.
- 유의점
  - 발이 매트에서 떨어지지 않도록 한다.
  - 너무 세게 밀거나 치지 않도록 주의 시킨다.

8) 등대고 일어나기

⇨ 활동목표

- 몸 전체의 근력을 기른다.
- 근 지구력과 평형성을 기른다.

⇨ 활동유형 : 소집단(2인 1조 실시)

⇨ 준비물 : 매트, 호루라기

⇨ 활동방법

- 매트 위에 2명의 유아가 등을 대고 앉는다.
- 호루라기 신호에 따라 힘을 주어 상대방의 등을 밀어내며 일어난다.

⇨ 유의점

- 엉덩이를 바닥에 붙이고 민다.
- 신장과 체중이 비슷한 유아끼리 놀이한다.

평형성

1) 허수아비 만들기

- 활동목표 : 다리의 근력과 평형성을 기른다.
- 활동유형 : 소집단(개별 실시)
- 준비물 : 매트
- 활동방법
    - ▸들판의 허수아비를 연상시킨다.
    - ▸매트 위에 바르게 선 상태에서 양손을 벌리고 한쪽 다리를 들고 선다.
    - ▸5초에서 10초정도 자세를 유지한다.
    - ▸이 동작이 완성되면 한쪽 눈을 감고 실시하며, 다음은 두 눈을 감고 실시한다.
- 유의점 : 두 다리가 바닥에 닿지 않도록 유의한다.

♧ 예) ▸허수아비 아저씨처럼 한발로 멋지게 서 있다가 선생님의 구호에 맞추어 "참새다" 하면 다리는 가만히 있고 몸과 팔을 흔들어 참새를 쫓는 동작을 하면 흥미롭다.

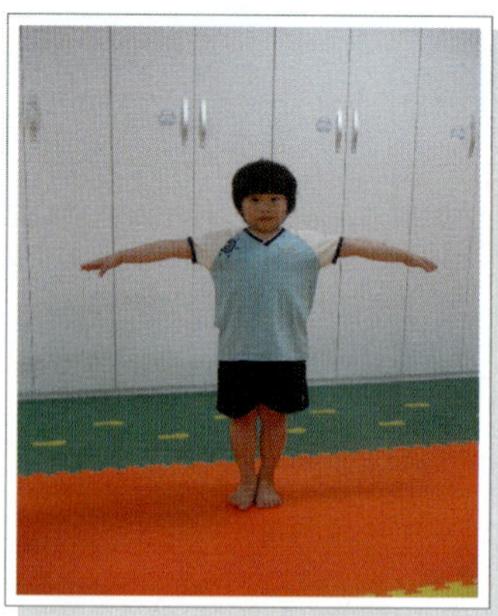

2) 비행기 만들기

- 활동목표 : 다리의 근력과 평형성을 기른다.
- 활동유형 : 소집단(개별 실시)
- 준비물 : 매트
- 활동방법
  - ▸하늘 위의 비행기를 연상시킨다.
  - ▸엎드린 상태에서 다리와 머리를 들어 3초에서 5초정도 자세를 유지한다.
- 유의점
  - ▸두 다리가 바닥에 닿지 않도록 유의한다.
  - ▸정확한 동작을 표현하도록 한다.

예) ▸입으로 비행기가 지나갈 때의 소리를 표현해도 흥미롭다.
▸이 동작이 익숙해지면 2명이 한 조가 되어 손을 잡고 같은 동작을 표현할 수 있다.

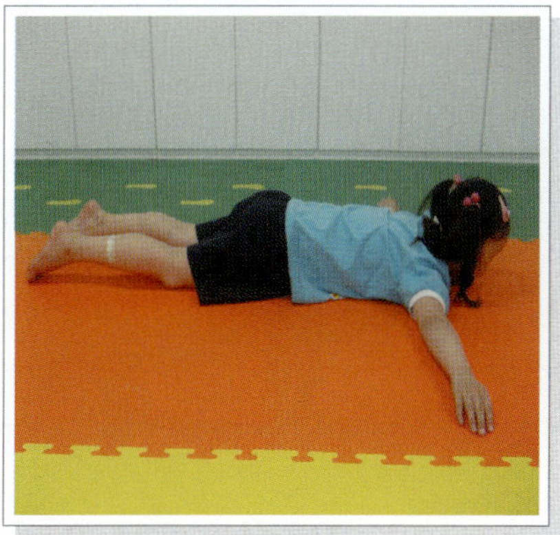

3) 팽이 돌기

- 활동목표 : 다리의 근력과 평형성을 기른다.
- 활동유형 : 소집단(개별 실시)
- 준비물 : 호루라기
- 활동방법
  - 우리나라 고유의 놀이인 팽이를 연상시킨다.
  - 바닥에 바르게 선 상태에서 왼쪽 다리를 주축으로 하여 왼쪽으로 한 바퀴 돈다. (반대로 반복 실시한다.)
  - 제자리 높이 뛰며 왼쪽으로 한 바퀴 돈다. (반대로 반복)
- 유의점
  - 중심을 잃고 넘어지지 않도록 주의시킨다.
  - 옆에 친구와 부딪치지 않도록 충분한 간격을 벌려 준다.

♧ 예) 몸을 돌면서 "아하", "이히" 같은 구령을 하며 돌면 더욱 흥미롭다.

4) 선 따라 걷기

- 활동목표 : 신체의 평형성을 기른다.
- 활동유형 : 소집단(3~4명 실시)
- 준비물 : 호루라기, 전기 테이프
- 활동방법
  - 원하는 모양의 선을 바닥에 전기 테이프로 만든다.
  - 만들어진 선을 따라 바르게 걷는다.
- 유의점
  - 선이 너무 복잡하거나 단순하지 않도록 유의한다.
  - 선에서 너무 벗어나지 않도록 주의시킨다.

♧ 예) 연령에 따라 발 끝 들고 걷기, 뒤로 걷기, 뒤로 뛰기 등을 실시할 수 있다.

5) 2인 1조 엉덩이 치기

- 활동목표 : 다리의 근력과 평형성을 기른다.
- 활동유형 : 소집단(2인 1조 실시)
- 준비물 : 매트, 호루라기
- 활동방법
  - 2명의 유아가 매트 위에 서로 등지고 선 상태에서 자신의 양손을 가슴으로 모은다.
  - 신호 소리와 함께 엉덩이로 상대방의 엉덩이를 친다.
  - 매트에서 다리가 먼저 떨어지는 유아가 지게 된다.
- 유의점
  - 신장과 체중이 비슷한 유아들끼리 한다.
  - 지나친 경쟁의식을 갖지 않도록 유의시킨다.

순발력

1) 사과 따기

- 활동목표
  - ▸신체의 순발력을 기른다.
  - ▸모둠발로 점프를 하여 다리의 근력을 기른다.
- 활동유형 : 소집단(개별 실시)
- 준비물 : 매트
- 활동방법
  - ▸숲 속의 사과나무를 연상시킨다.
  - ▸매트 위에 바르게 선 상태에서 모둠발로 제자리 점프하며 사과 따는 동작을 한다. 1회부터 10회 정도 까지 실시한다.
- 유의점
  - ▸친구와 부딪치지 않도록 유의한다.
  - ▸정확한 동작을 표현하도록 한다.

♧ 예) 점프를 할 때 점프하는 수와 사과 따는 수를 입으로 말하며 실시한다. 하나, 둘, 등

2) 박수 박사

활동목표

- 신체의 순발력을 기른다.
- 모둠발로 점프를 하여 다리의 근력을 기른다.

활동유형 : 소집단(개별 실시)

준비물 : 매트, 호루라기

활동방법

- 매트 위에 바르게 선 상태에서 모둠발로 점프하여 박수치기를 한다.
- 매트 위에 바르게 선 상태에서 모둠발로 점프하여 발이 땅에 닿기 전까지 박수치기(차츰 횟수를 늘려간다)를 한다.
- 매트 위에 바르게 선 상태에서 모둠발로 점프하여 발바닥으로 박수치기를 한다.
- 매트 위에 바르게 선 상태에서 모둠발로 점프하여 발이 땅에 닿기 전까지 발바닥으로 박수치기(차츰 횟수를 늘려간다)를 한다.

유의점

- 친구와 부딪치지 않도록 유의한다.
- 정확한 동작을 표현하도록 한다.

♧ 예) 점프하여 박수 칠 때 박수치는 숫자를 입으로 말하며 실시한다. 하나, 둘, 셋 등

3) 모기 잡기

⇨ 활동목표

- 신체의 순발력 및 손과 눈의 협응력을 기른다.
- 모둠발로 점프를 하여 다리의 근력을 기른다.

⇨ 활동유형 : 소집단(개별 실시)

⇨ 준비물 : 매트

⇨ 활동방법

- 모기를 연상시킨다.
- 교사가 모기 소리를 내며 윙윙거리다 "모기다"하며 소리치면 그 쪽 방향을 향해 제자리 모둠발로 점프하여 모기 잡는 동작을 한다. 이 때 유아는 "찰싹"이란 소리를 내며 모기 잡는 동작을 하면 더 흥미롭다.
- (점점 빠르게 실시한다.)

⇨ 유의점

- 친구와 부딪치지 않도록 유의한다.
- 정확한 동작을 표현하도록 한다.

♧ 예) 모기를 연상시키기 전 모기에 대하여 10고개 문제를 내어 모기를 연상시킨다.

1. 여름에 많이 있어요.
2. 피를 빨아 먹습니다.
3. 윙윙 소리를 내요. 등

4) 점프하여 신체 부위 닿기

⇨ 활동목표

- 신체의 순발력을 기른다.
- 모둠발로 점프를 하여 다리의 근력을 기른다.

⇨ 활동유형 : 소집단(개별 실시)

⇨ 준비물 : 매트, 호루라기

⇨ 활동방법

- "머리, 어깨, 무릎, 발" 노래를 부르며 각 신체 부위의 명칭을 알아본다.
- 제자리에서 점프를 한다. 무릎과 같은 높이에 해당하는 점프를 한다.
- 모둠발로 점프하여 신체 부위의 아래쪽에서 위쪽 순으로 무릎과 닿을 수 있도록 한다.

⇨ 유의점

- 친구와 부딪치지 않도록 유의한다.
- 정확한 동작을 표현하도록 한다.

♧ 예) 손-팔꿈치-가슴 순서로 실시한다.

5) 제자리 멀리 뛰기

➩ 활동목표

▸ 신체의 순발력을 기른다.

▸ 모둠발로 점프를 하여 다리의 근력을 기른다.

➩ 활동유형 : 소집단(개별 실시)

➩ 준비물 : 매트, 호루라기

➩ 활동방법

▸ 제자리에서 멀리 뛰는 곤충과 동물 등에 대하여 알아본다.

▸ "메뚜기, 개구리, 캥거루 등

▸ 무릎을 꿇고 앉아 신호에 맞추어 제자리에서 점프를 한다.

➩ 유의점

▸ 친구와 부딪치지 않도록 유의한다.

▸ 정확한 동작을 표현하도록 한다.

♧ 예) ▸ 곤충과 동물의 울음소리를 내며 점프한다.

▸ 곤충과 동물의 모습을 연상하여 그 모습을 표현 할 수 있다.

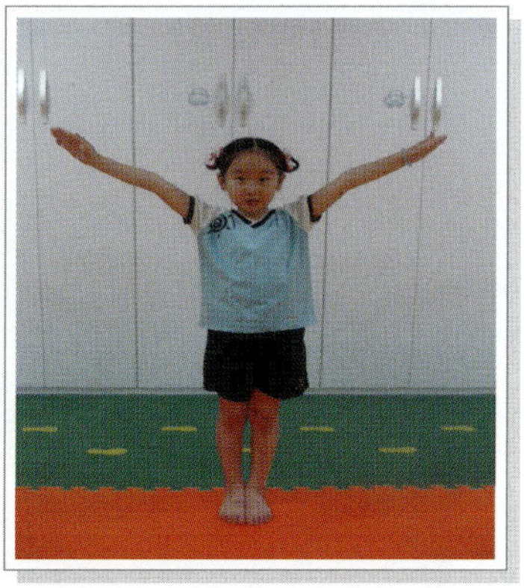

6) 던지기

➾ 활동목표

- 신체의 순발력을 기른다.
- 팔과 다리의 근력을 기른다.

➾ 활동유형 : 소집단(개별 실시)

➾ 준비물 : 매트, 호루라기

➾ 활동방법

- 올림픽 종목이나 기타 놀이에서 하는 던지기 놀이를 가상으로 연상시킨다. (창던지기, 돌 던지기, 오재미 던지기 등)
- 가상의 창이나 오재미를 만들어 던지는 동작을 할 수 있도록 유도한다.
- 제자리에 서 있다가 신호와 함께 가상의 창이나 오재미를 멀리 던지는 동작을 한다.

➾ 유의점

- 친구와 부딪치지 않도록 유의한다.
- 정확한 동작을 표현하도록 한다.

♧ 예) 창던지기 선수처럼, 운동회의 박 터트리기처럼

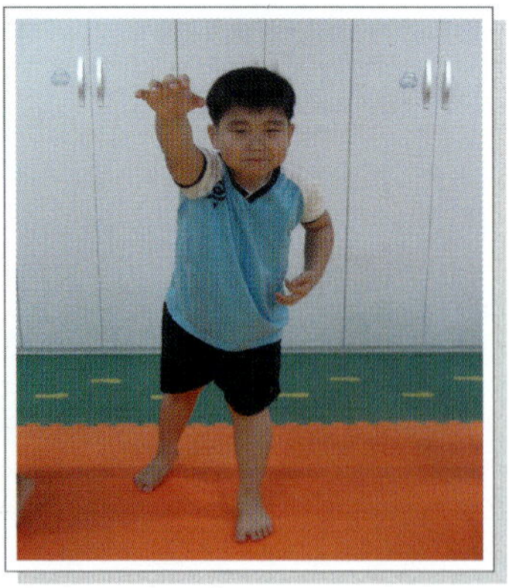

민첩성

1) 누워 있다 빨리 일어나기

- 활동목표 : 신체의 민첩성을 기른다.
- 활동유형 : 소집단(개별 실시)
- 준비물 : 매트, 호루라기
- 활동방법
  - 매트 위에 눈을 감고 눕는다.
  - 선생님의 호루라기 소리를 듣고 빨리 일어난다.
  - 빨리 일어나 선생님이 제시한 동작을 빨리 실행한다.
  - 제일 빨리 일어나 동작을 실행한 유아는 선생님이 양쪽 겨드랑이 부분을 잡고 위로 높이 들어 로켓트를 태워준다.
- 유의점
  - 친구와 부딪치지 않도록 유의한다.
  - 정확한 동작을 표현하도록 한다.

♧ 예) 선생님이 제시하는 동작은 동물, 펩시맨, 스파이더맨, 슈퍼맨 등 다양한 동작을 표현할 수 있다.

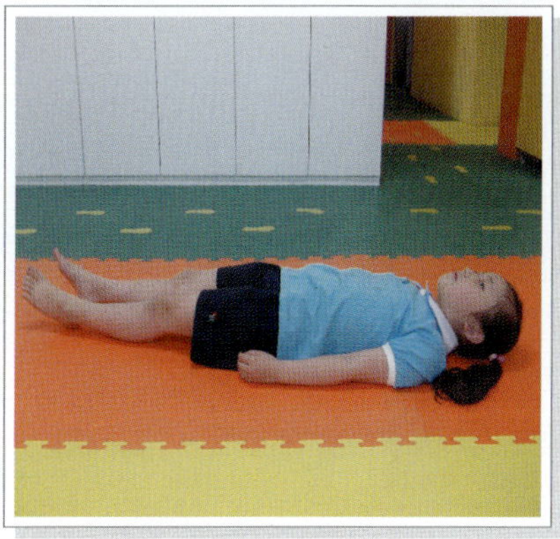

2) 산 넘고 동굴 통과

- 활동목표
  - 신체의 민첩성을 기른다.
  - 신체의 유연성을 기른다.
- 활동유형 : 소집단(2인 1조 실시)
- 준비물 : 매트, 호루라기
- 활동방법
  - 2인 1조로 한 명은 무릎을 펴고 매트 위에 앉는다.
  - 이 때 손은 머리 위로 올린다.
  - 다른 한명은 옆에 서 있다가 시작 신호와 함께 상대의 다리위로 뛰어 넘는다.
  - 상대방의 유아가 뛰어넘은 뒤, 앉아 있던 원아는 몸을 들어 터널모양을 만든다.
  - 터널이 만들어 지면 그 사이로 기어가 원래 있던 자리로 돌아간다. (반복)
- 유의점
  - 친구의 손을 밟지 않도록 유의한다.
  - 정확한 동작을 표현하도록 한다.

♧ 예) ▸ 터널의 높이를 조절할 수 있으며, 빠른 동작으로 반복한다. 서로 역할을 바꾸어 진행한다.
▸ 유아들이 이해할 수 있도록 충분한 이야기와 시범을 보여야 한다.

3) 달리기(지그재그, 왕복)

- 활동목표
  - 신체의 민첩성을 기른다.
  - 다리의 근력과 순발력을 기른다.
- 활동유형 : 소집단(개별 실시)
- 준비물 : 호루라기, 전기 테이프
- 활동방법
  - 바닥에 전기 테이프를 이용하여 영문 Z자 모양으로 만든다.
  - 선생님의 출발 신호에 맞추어 영문 Z자 모양을 따라 달려간다.
  - 3m정도의 거리를 두고 양쪽에 물건을 놓는다.
  - 선생님의 출발 신호와 함께 반대쪽에 있던 물건을 빨리 옮긴다.
- 유의점
  - 충분한 준비 체조를 한 후, 실시한다.
  - 처음부터 너무 무리하게 하지 않는다.

♧ 예) 유아들의 기초 체력 테스트에 적용 할 수 있다.

4) 뛰면서 점프하기

- 활동목표
  - 신체의 민첩성을 기른다.
  - 다리의 근력과 순발력을 기른다.
- 활동유형 : 소집단(개별 실시)
- 준비물 : 호루라기
- 활동방법
  - 선생님의 출발 신호에 맞추어 달려간다.
  - 선생님의 또 다른 신호가 들리면 제자리에서 힘차게 점프한다.
  - 점프 후, 다시 목적지까지 힘차게 달려간다.
- 유의점
  - 충분한 준비 체조를 한 후, 실시한다.
  - 처음부터 너무 무리하게 하지 않는다.

♧ 예) 유아들이 이해할 수 있도록 충분한 이야기와 시범을 보여야 한다.

2. 소도구 놀이

1) 스케이트보드 놀이

"스케이트보드" 놀이를 통하여 자신감을 배양하며, 근력, 순발력, 조정력 등의 기초체력을 향상시킨다.

(1) 2인 1조 밀어주기
(2) 밀고 가기, 끌고 가기
(3) 엎드려 타기
(4) 혼자 타기
(5) 끌어 주기

(1) 2인 1조 밀어주기

- 활동목표 : "스케이트보드" 놀이를 통하여 자신감을 배양하고, 근력 및 조정력을 기른다.
- 활동유형 : 개인, 팀
- 연령 : 5, 6, 7세
- 도입 및 활동 방법
  1. 게임을 할 수 있도록 팀(남, 여, 혼합)을 나눈다.
  2. 한명의 유아는 출발점에서 스케이트보드에 앉아 안전 손잡이를 잡고 다른 한명은 뒤에서 스케이트보드를 잡고 대기 한다.
  3. 출발 신호와 함께 반환점 까지 밀고 간다.
  4. 반환점에서 스케이트보드를 타고 있던 유아가 반대로 밀어주고, 밀어주던 유아가 스케이트보드에 앉아 먼저 돌아오게 되는 팀이 승리한다.
- 준비물 : 스케이트보드, 반환점, 호루라기
- 유의점
  1. 팀과의 거리를 벌려 서로 부딪치지 않게 한다.
  2. 스케이트보드에 앉아 있는 유아의 어깨를 밀어 앞으로 넘어지지 않게 주의한다.

(2) 밀고가기, 끌고가기

⇨ 활동목표 : "스케이트보드" 놀이를 통하여 자신감을 배양하고, 근력 및 조정력을 기른다.

⇨ 활동유형 : 개인, 팀

⇨ 연령 : 5, 6, 7세

⇨ 도입 및 활동 방법

1. 게임을 할 수 있도록 팀(남, 여, 혼합)을 나눈다.
2. 출발 신호에 맞춰 스케이트보드 뒤쪽 부분을 양손으로 잡고 밀어 반환점을 돌아온다.(밀고 가기)
3. 출발 신호에 맞춰 스케이트보드 앞쪽 부분의 안전 손잡이를 잡고 끌어 반환점을 돌아온다.(끌고 가기)
4. 먼저 돌아오는 팀이 승리를 한다.

⇨ 준비물 : 스케이트보드, 반환점, 호루라기

⇨ 유의점

1. 팀과의 거리를 벌려 서로 부딪치지 않게 한다.
2. 반환점을 돌 때와 도착했을 때 스케이트보드를 손에서 떨어지지 않게 주의한다.

(3) 엎드려 타기

⇒ 활동목표 : "스케이트보드" 놀이를 통하여 자신감을 배양하고, 근력 및 조정력을 기른다.

⇒ 활동유형 : 개인, 팀

⇒ 연령 : 5, 6, 7세

⇒ 도입 및 활동 방법

1. 게임을 할 수 있도록 팀(남, 여, 혼합)을 나눈다.
2. 배를 스케이트보드에 붙이고 엎드려 대기한다.
3. "출발" 신호에 맞춰 손바닥으로 스케이트보드를 굴려 반환점을 돌아온다.
4. 먼저 돌아오는 팀이 승리를 한다.

⇒ 준비물 : 스케이트보드, 반환점, 호루라기

⇒ 유의점

1. 팀과의 거리를 벌려 서로 부딪치지 않게 한다.
2. 손바닥이 바퀴에 쓸려 들어가지 않도록 유의시킨다.

(4) 혼자 타기

⇨ 활동목표 : "스케이트보드" 놀이를 통하여 자신감을 배양하고, 근력 및 조정력을 기른다.

⇨ 활동유형 : 개인, 팀

⇨ 연령 : 5, 6, 7세

⇨ 도입 및 활동 방법

1. 게임을 할 수 있도록 팀(남, 여, 혼합)을 나눈다.
2. 스케이트보드에 바르게 앉아 양 손바닥을 바닥에 대고 준비한다.
3. 출발 신호에 맞춰 손바닥을 당겨 반환점을 돌아온다.
4. 먼저 돌아오는 팀이 승리를 한다.

⇨ 준비물 : 스케이트보드, 반환점, 호루라기

⇨ 유의점

1. 팀과의 거리를 벌려 서로 부딪치지 않게 한다.
2. 손바닥이 바퀴에 쓸려 들어가지 않도록 유의시킨다.

(5) 끌어 주기

- 활동목표 : "스케이트보드" 놀이를 통하여 자신감을 배양하고, 근력 및 조정력을 기른다.
- 활동유형 : 개인, 팀
- 연령 : 5, 6, 7세
- 도입 및 활동 방법
  1. 게임을 할 수 있도록 팀(남, 여, 혼합)을 나눈다.
  2. 한명의 유아는 출발점에서 스케이트보드에 앉아 준비하고, 다른 한명의 유아는 안전 손잡이를 잡고 대기 한다.
  3. 출발 신호와 함께 반환점까지 끌어준다.
  4. 반환점에서 스케이트보드를 타고 있던 유아가 반대로 끌어주고, 끌어주던 유아가 스케이트보드에 앉아 먼저 돌아오게 되는 팀이 승리한다.
- 준비물 : 스케이트보드, 반환점, 호루라기
- 유의점
  1. 팀과의 거리를 벌려 서로 부딪치지 않게 한다.
  2. 반환점을 돌 때 끌어주는 유아가 손잡이를 놓치지 않게 주의를 주며 보조한다.

2) 장판 놀이

"장판" 놀이를 통하여 흥미를 유발하며 순발력 및 민첩성을 향상시킨다.

(1) 배열해서 뛰기(불, 규칙)
(2) 모양 찾기
(3) 장판 뒤집기, 펼치기
(4) 징검다리 게임

(1) 배열해서 뛰기(불 규칙)

- 활동목표 : "장판" 놀이를 통하여 흥미를 유발하고, 순발력을 기른다.
- 활동유형 : 개인, 팀
- 연령 : 5, 6, 7세
- 도입 및 활동 방법
  1. 장판을 규칙적으로 배열하여 그 위를 걷고, 뛰어 본다. (한 발 뛰기, 두 발 뛰기, 옆으로 뛰기, 뒤로 뛰기)
  2. 장판을 불규칙적으로 배열하여 그 위를 걷고 뛰어 본다. (한 발 뛰기, 두 발 뛰기 옆으로 뛰기, 뒤로 뛰기)
  3. 시범을 보여준다.

  ex) 1열, 2열... 지그재그 등.
- 준비물 : 장판

(2) 모양 찾기

- 활동목표 : "장판" 놀이를 통하여 흥미를 유발하고, 민첩성 및 협응력을 기른다.
- 활동유형 : 개인, 팀
- 연령 : 5, 6, 7세
- 도입 및 활동 방법
  1. 각 장판에 그려진 모양들을 유아들에게 인식시킨다.
  2. 장판의 모양이 보이지 않게 뒤집어 놓는다.
  3. "시작" 하는 신호에 맞춰 제시된 모양을 찾는다.
- 준비물 : 장판
- 유의점
  1. 모양을 찾기 위해 뒤집은 장판은 혼자만 볼 수 있도록 하고 다시 그 자리에 뒤집어 놓을 수 있도록 유의시킨다.

(3) 장판 뒤집기, 펼치기

- 활동목표 : "장판" 놀이를 통하여 흥미를 유발하고, 민첩성 및 협응력을 기른다.
- 활동유형 : 팀
- 연령 : 5, 6, 7세
- 도입 및 활동 방법

1. 게임을 할 수 있도록 팀(남, 여, 혼합)을 나눈다.
2. 장판을 반으로 나누어 반은 뒤집어 놓고, 나머지는 똑바로 펼친다.
3. "시작" 하는 신호에 맞춰 한 팀은 장판을 뒤집고 다른 한 팀은 장판을 펼친다.
4. 정해진 시간 안에 많이 뒤집거나, 펼쳐 놓은 팀이 승리 한다.

- 준비물 : 장판, 시계, 호루라기
- 유의점

1. 자기 팀의 장판 모양을 잘 인식 시켜 주어야 하며 시작과 함께 달려 나가는 유아들이 서로 부딪치지 않도록 유의시킨다.

(4) 징검다리 게임

- 활동목표 : "장판" 놀이를 통하여 흥미를 유발하고, 순발력을 기른다.
- 활동유형 : 개인, 팀
- 연령 : 5, 6, 7세
- 도입 및 활동 방법

  1. 여러 가지 모양의 징검다리로 장판을 배열한다.
  2. "시작" 하는 신호에 맞춰 한 명씩 출발한다. (한발 뛰기, 양발 뛰기, 옆으로 뛰기, 뒤로 뛰기)
  3. 끝까지 도착한 유아들은 자리로 돌아가 앉는다.

- 준비물 : 장판
- 유의점

  1.징검다리를 건널 때 앞에 유아와 부딪치지 않도록 출발 간격을 조정한다.

3) 신체표현 카드놀이

“신체표현 카드” 놀이를 통하여 창의력을 키우며, 유연성을 향상시킨다.

(1) 표현하기
(2) 기억하기 게임
(3) 신체 부위 알기

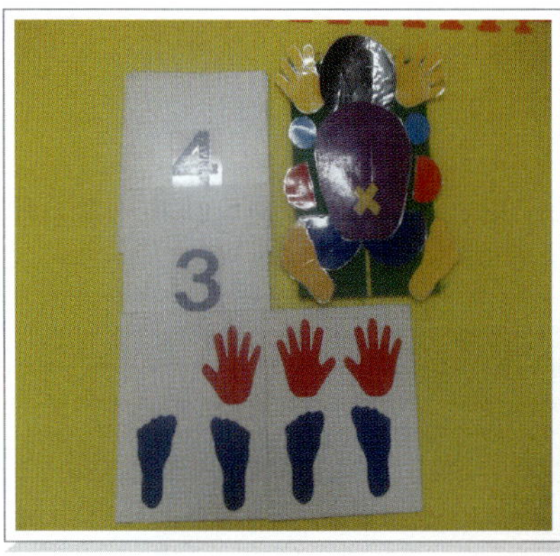

(1) 표현하기

- 활동목표 :"신체표현 카드" 놀이를 통하여 창의력과 유연성을 기른다.
- 활동유형 : 전체그룹
- 연령 : 5, 6, 7세
- 도입 및 활동 방법
  1. 선생님이 제시하는 부분적인 신체표현카드를 유아들에게 보여준다.
  2. 유아들에게 어떤 모양인지 인식시키고, 몸으로 표현할 수 있도록 도와준다.
- 준비물 : 신체표현카드
- 유의점
  1. 신체표현카드를 인지 할 수 있도록 유도한다.
  2. 창의적인 발상을 할 수 있게 여러 가지 모양으로 시범을 보여준다.

(2) 기억하기 게임

- 활동목표 : "신체표현 카드" 놀이를 통하여 창의력을 키우며, 유연성을 기른다.
- 활동유형 : 전체그룹
- 연령 : 5, 6, 7세
- 도입 및 활동 방법

  1. 표현하기 과정에서 신체표현카드에 적힌 번호를 인지 할 수 있도록 한다.
  2. 신체표현카드의 번호를 제시하면 유아들은 인지한 동작을 몸을 이용하여 표현한다.
  3. 재빨리 표현 할 수 있도록 유도한다.

- 준비물 : 신체표현카드
- 유의점

  1. 신체표현카드를 인지 할 수 있도록 도와준다.

(3) 신체부위 알기

- 활동목표 : "신체표현 카드" 놀이를 통하여 창의력을 키우며, 유연성을 기른다.
- 활동유형 : 전체그룹
- 연령 : 5, 6, 7세
- 도입 및 활동 방법

1. 유아들에게 신체부위의 명칭을 가르쳐 주며 인지 할 수 있도록 유도한다.
2. 반복 숙달한다.
3. 신체표현카드에 그려진 그림을 몸으로 표현한다.

- 준비물 : 신체표현카드
- 유의점

1. 신체부위의 정확한 명칭과 위치를 만지거나 표현함으로써 인식을 유도한다.

4) 낙하산 놀이

"낙하산" 놀이를 통하여 협동심을 배양하고, 근력 및 협응력 등의 기초체력을 향상시킨다.

(1) 파도타기
(2) 해바라기 만들기
(3) 사과 만들기
(4) 버섯 만들기
(5) 토기와 사냥꾼
(6) 호박 만들기
(7) 낙하산 날리기

(1) 파도 만들기

- 활동목표 : "낙하산 놀이"를 통하여 협동심을 배양하고, 근력 및 협응력을 기른다.
- 활동유형 : 전체그룹
- 연령 : 5, 6, 7세
- 도입 및 활동 방법
  1. 낙하산 끝을 골고루 잡고 앉아 발을 굴러 작은 파도를 만든다.
  2. 낙하산 끝을 골고루 잡고 서서 손으로 흔들어 큰 파도를 만든다.
  3. 낙하산 위에 볼풀 공을 올려 튕기게 하여 흥미를 유발시킬 수 있다.
- 준비물 : 낙하산, 볼풀 공
- 유의점
  1. 유아들이 낙하산에 올라가거나 밑으로 들어가는 일이 없도록 사전에 주의를 준다.
  2. 질서를 잘 지킬 수 있도록 주의를 준다.

(2) 해바라기 만들기

- 활동목표 : "낙하산 놀이"를 통하여 협동심을 배양하고, 협응력을 기른다.
- 활동유형 : 전체그룹
- 연령 : 5, 6, 7세
- 도입 및 활동 방법
  1. 사전에 연습을 미리한다.(낙하산 끝을 엉덩이로 깔고 앉아 손을 들어 반짝반짝 흔들어 준다. 단, 발은 낙하산 밖을 향하게 한다.)
  2. 구령에 맞춰 땅, 하늘, 땅을 외치면서 올렸다가 내리는 것을 반복한다.
  3. "땅" 하는 순간에 재빨리 낙하산을 바닥에 내리고 뒤돌아 엉덩이로 깔고 앉아 손을 높이 들어 반짝반짝 흔든다.
  4. 완성된 해바라기 모양의 낙하산에 뒤로 누워보고 신호에 맞춰 등으로 기어 해바라기 씨앗을 먹으러 간다.
- 준비물 : 낙하산
- 유의점
  1. 시작 전 유아들과 파이팅을 외치며 단결력을 가질 수 있도록 한다.

(3) 사과 만들기

- 활동목표 : "낙하산 놀이"를 통하여 협동심을 배양하고, 협응력을 기른다.
- 활동유형 : 전체그룹
- 연령 : 5, 6, 7세
- 도입 및 활동 방법
  1. 사전에 연습을 미리한다.(무릎으로 낙하산 끝을 막고, 손은 반짝반짝 한다.)
  2. 구령에 맞춰 땅, 하늘, 땅을 외치면서 올렸다가 내리는 것을 반복한다.
  3. "땅" 하는 순간에 재빨리 낙하산을 바닥에 내리고 무릎으로 낙하산 끝을 막고 손은 반짝반짝 한다.
  4. 사과가 만들어 지면 사과를 먹으러 간다.
- 준비물 : 낙하산
- 유의점
  1. 사과를 먹으러 앞으로 갈 때 유아들끼리 머리가 부딪치지 않게 주의한다.

(4) 버섯 만들기

- 활동목표 : "낙하산 놀이"를 통하여 협동심을 배양하고, 협응력을 기른다.
- 활동유형 : 전체그룹
- 연령 : 5, 6, 7세
- 도입 및 활동 방법
  1. 사전에 연습을 미리한다.(낙하산 끝에 얼굴을 넣고, 공기가 빠지지 않게 한다.)
  2. 구령에 맞춰 땅, 하늘, 땅을 외치면서 올렸다가 내리는 것을 반복한다.
  3. "땅" 하는 순간에 재빨리 낙하산을 바닥에 내리고 머리를 낙하산 끝에 넣는다.
  4. 버섯 안의 유아들의 얼굴을 보며 재미난 표정을 지어본다.
- 준비물 : 낙하산
- 유의점
  1. 유아들이 낙하산에 올라가거나 밑으로 들어가는 일이 없도록 사전에 주의를 준다.
  2. 머리를 넣을 때 바닥에 부딪치지 않게 주의를 준다.

(5) 토끼와 사냥꾼

- 활동목표 : "낙하산 놀이"를 통하여 협동심을 배양하고, 협응력을 기른다.
- 활동유형 : 전체그룹
- 연령 : 5, 6, 7세
- 도입 및 활동 방법
  1. 선생님과 보조 선생님은 사냥꾼이 되고 유아들은 토끼가 된다.
  2. "사냥꾼이 나타났다" 하면 유아들은 재빨리 낙하산 안으로 숨는다.
  3. 단, 잡히는 유아들은 사냥꾼에게 먹힌다.(꿀밤, 뿅망치 등)
  4. 낙하산 안에 모두 들어간 유아들은 그 안에서 노래를 부르며 놀 수 있다.
- 준비물 : 낙하산
- 유의점
  1. 유아들이 낙하산 안에서 장난을 치거나 부딪치지 않게 주의를 준다.

(6) 호박 만들기

- 활동목표 : “낙하산 놀이”를 통하여 협동심을 배양하고, 협응력을 기른다.
- 활동유형 : 전체그룹
- 연령 : 5, 6, 7세
- 도입 및 활동 방법

  1. 사전에 연습을 미리한다.(모두 낙하산 안으로 들어가게 한다.)
  2. 구령에 맞춰 땅, 하늘, 땅을 외치면서 올렸다가 내리는 것을 반복한다.
  3. “땅” 하는 순간에 재빨리 낙하산 안으로 들어간다.
  4. 호박 속에서 노래를 부르거나 춤을 춘다.

- 준비물 : 낙하산
- 유의점

  1. 호박 속에 들어갈 때 머리가 서로 부딪치지 않게 주의한다.

(7) 낙하산 날리기(UFO)

- 활동목표 : "낙하산 놀이"를 통하여 협동심을 배양하고, 근력 및 협응력을 기른다.
- 활동유형 : 전체그룹
- 연령 : 5, 6, 7세
- 도입 및 활동 방법

1. 낙하산 끝을 골고루 잡는다.
2. 구령에 맞춰 땅, 하늘, 땅을 외치면서 올렸다가 내리는 것을 반복한다.
3. "하늘" 하는 순간에 재빨리 낙하산에서 손을 놓아 위로 날린다.
4. 반복하여 실시한다.

- 준비물 : 낙하산
- 유의점

1. 모든 유아들의 동시에 손을 놓을 수 있도록 사전에 미리 앉아서 손으로만 연습하여 본다.
2. 질서를 잘 지킬 수 있도록 주의를 준다.

5) 고깔 놀이

“고깔” 놀이를 통하여 흥미를 유발하며, 순발력 및 민첩성, 협응력 등의 기초체력을 향상 시킨다.

(1) 지그재그 걷기, 뛰기
(2) 고깔 뺏기
(3) 고깔 쓰고 반환점 돌고 오기
(4) 왕복 달리기
(5) 보물찾기

(1) 고깔 뺏기

⇨ 활동목표 : "고깔" 놀이를 통하여 흥미를 유발하고, 민첩성을 기른다.

⇨ 활동유형 : 개인, 팀

⇨ 연령 : 5, 6, 7세

⇨ 도입 및 활동 방법

1. 게임을 할 수 있도록 팀(남, 여, 혼합)을 나눈다.
2. 같은 수의 고깔을 팀에 나누어 주고, 고깔을 머리에 쓰게 한다.
3. "시작" 신호에 함께 머리에 있는 고깔을 많이 뺏는 팀이 승리한다.
4. "그만" 신호에 따라서 자기 자리로 돌아간다.

⇨ 준비물 : 고깔

⇨ 유의점

1. 고깔 뺏기게임을 할 때 유아들이 얼굴을 할퀴거나, 눈을 찌르지 않도록 사전에 주의를 준다.

(2) 지그재그 걷기, 뛰기

- 활동목표 : "고깔" 놀이를 통하여 흥미를 유발하고, 민첩성을 기른다.
- 활동유형 : 개인, 팀
- 연령 : 5, 6, 7세
- 도입 및 활동 방법
  1. 고깔을 일정한 간격에 맞춰 배열한다.
  2. "시작" 신호와 함께 한 명씩 출발 하여 고깔 사이를 지그재그로 지나간다.
  3. 팔 벌리고 걷기, 뛰기를 병행할 수 있다.
- 준비물 : 고깔
- 유의점
  1. 보조 선생님이 출발을 시키고, 선생님이 보조를 해준다.
  2. 고깔을 통과 할 때 위로 넘지 않도록 주의를 준다.

(3) 고깔 쓰고 반환점 돌아오기

- 활동목표 : "고깔" 놀이를 통하여 흥미를 유발하고, 평형성 및 집중력을 기른다.
- 활동유형 : 개인, 팀
- 연령 : 5, 6, 7세
- 도입 및 활동 방법
  1. 게임을 할 수 있도록 팀(남, 여, 혼합)을 나눈다.
  2. 고깔을 예쁘게 쓰고, 팔은 양쪽으로 벌려, "시작" 신호와 함께 고깔을 떨어뜨리지 않고 빨리 돌아오는 유아가 승리를 한다.
  3. 단, 반칙을 하면 진다.(고깔을 떨어뜨리고 오기)
- 준비물 : 고깔
- 유의점
  1. 규칙을 상기시켜, 반칙을 하지 않도록 한다.

(4) 왕복 달리기

- 활동목표 : "고깔" 놀이를 통하여 흥미를 유발하고, 민첩성을 기른다.
- 활동유형 : 개인, 팀
- 연령 : 5, 6, 7세
- 도입 및 활동 방법
  1. 게임을 할 수 있도록 팀(남, 여, 혼합)을 나눈다.
  2. 왕복 달리기를 할 수 있도록 똑같은 수량의 고깔을 양쪽으로 나누어 세워둔다.
  3. "시작" 신호와 함께 달려가 고깔을 출발 지점으로 가져와서 두고, 다시 달려가기를 반복한다.
  4. 빠른 시간 안에 고깔을 먼저 옮긴 유아가 승리한다.
- 준비물 : 고깔
- 유의점
  1. 고깔을 한 번에 여러 개씩 가져오지 않도록 한다.
  2. 연령에 따라 고깔을 가져오는 횟수를 늘려 지도한다.

(5) 보물찾기 게임

- 활동목표 : "고깔" 놀이를 통하여 흥미를 유발하고, 민첩성을 기른다.
- 활동유형 : 팀
- 연령 : 5, 6, 7세
- 도입 및 활동 방법
  1. 게임을 할 수 있도록 팀(남, 여, 혼합)을 나눈다.
  2. 고깔을 세운다.
  3. 세워진 고깔 안에 사탕(보물)을 숨긴다.
  3. "시작" 신호와 함께 유아들은 보물찾기 게임을 한다.
  4. 보물을 찾은 유아들은 "찾았다" 라고 외친 후 자기자리로 돌아간다.
- 준비물 : 고깔
- 유의점
  1. 보물을 숨기기 전, 유아들은 뒤돌아 있거나 눈을 감고 대기한다.
  2. 보물을 찾기 위해 고깔을 본 후, 다시 세워 놓을 수 있도록 이야기 한다.

6) 줄 놀이

"줄" 놀이를 통하여 흥미를 유발하며, 근력 및 순발력, 유연성 등의 기초체력을 향상시킨다.

(1) 줄 따라 걷기, 뛰기
(2) 모양 줄 따라 뛰기
(3) 멀리 뛰기, 높이뛰기
(4) 호랑이와 토끼
(5) 줄넘기

(1) 줄 따라 걷기, 뛰기

- 활동목표 : "줄" 놀이를 통하여 흥미를 유발하며, 평형성을 기른다.
- 활동유형 : 개인
- 연령 : 5, 6, 7세
- 도입 및 활동 방법

1. 바닥에 일직선의 줄을 만들면 유아들은 차례대로 한 명씩 걷거나 뛰어 지나간다.
2. 동물 흉내를 내면서 걷거나 뛰어도 좋다.
3. 바닥의 줄을 밟고 지나가거나, 줄 양 옆으로 밟지 않고 가는 방법도 있다.

- 준비물 : 줄
- 유의점

1. 줄을 만지거나 발로 차지 않게 주의를 준다.
2. 줄 끝까지 도착한 유아는 자기자리로 이동한다.

(2) 모양 줄 따라 뛰기

- 활동목표 : "줄" 놀이를 통하여 흥미를 유발하며, 평형성을 기른다.
- 활동유형 : 개인
- 연령 : 5, 6, 7세
- 도입 및 활동 방법

  1. 바닥에 여러 가지 모양 줄을 만들어 유아들이 줄을 따라서 걷거나, 뛰기를 하게한다.
  2. 동물 흉내를 내면서 걷거나 뛰어도 좋다.
  3. 바닥의 줄을 밟고 지나가거나, 줄 양 옆으로 밟지 않고 가는 방법도 있다.

  ex) 세모, 네모, 동그라미, 산, 강....
- 준비물 : 줄
- 유의점

  1. 줄을 만지거나 발로 차지 않게 주의를 준다.
  2. 줄 끝까지 도착한 유아는 자기자리로 이동한다.

(3) 멀리뛰기, 높이뛰기

- 활동목표 : "줄" 놀이를 통하여 흥미를 유발하며, 순발력을 기른다.
- 활동유형 : 개인
- 연령 : 5, 6, 7세
- 도입 및 활동 방법

1. 줄을 양쪽에서 잡고 있으면 유아들은 신호에 맞춰 토끼처럼 "깡총" 신속히 뛰어 넘는다.(높이뛰기)
2. 다른 동물 흉내를 내면서 뛸 수도 있다.(개구리, 캥거루 등)
3. 줄을 두 갈래로 내려놓고 연령에 맞게 줄을 벌려 준다.(멀리뛰기)
4. 두 갈래로 벌려 놓고 높이 들어 멀리 뛰기와, 높이뛰기를 할 수 있다.

- 준비물 : 줄
- 유의점

1. 유아들이 줄에 걸려 넘어 지지 않게 선생님의 세심한 배려가 필요하다.
2. 간혹 어려워하는 유아들은 양쪽 끝으로 서서 할 수 있도록 하며 뛰는 순간 살짝 줄의 높이와 넓이를 조절해 준다.

(4) 호랑이와 토끼

- 활동목표 : "줄" 놀이를 통하여 흥미를 유발하며, 민첩성을 기른다.
- 활동유형 : 개인
- 연령 : 5, 6, 7세
- 도입 및 활동 방법

1. 줄을 두 갈래로 벌려 강 모양을 만든다.
2. 선생님은 출발하는 반대쪽 지점에서 뿅망치(호랑이)를 들고 잠자는 동작을 취한다.
3. 유아들은 호랑이가 잠에서 깨지 않게 조용히 걸어와서 뿅망치(호랑이)를 신속히 때리고 자기자리로 이동한다.

- 준비물 : 줄, 뿅망치
- 유의점

1. 유아들이 뿅망치를 때리고 빨리 자리로 돌아갈 수 있도록 지도한다.
2. 호랑이가 된 선생님은 잠자는 동작과 맞는 동작을 리얼하게 표현하여야 흥미롭다.

(5) 줄넘기

- 활동목표 : "줄" 놀이를 통하여 흥미를 유발하며, 순발력 및 협동심을 기른다.
- 활동유형 : 개인, 팀
- 연령 : 5, 6, 7세
- 도입 및 활동 방법

1. 먼저, 선생님과 보조 선생님이 양 끝에 줄을 잡고 선다.
2. 1~5명의 유아들이 질서정연하게 줄 옆에 선다.
3. "시작" 신호와 함께 유아들은 협력하여 줄넘기를 한다.

- 준비물 : 줄
- 유의점

1. 여러 명의 유아가 함께 줄넘기하는 놀이는 어려움으로 많은 연습이 필요하다.
2. 줄넘기를 할 때 줄이 유아들의 몸에 걸려 꼬이지 않도록 주의한다.

7) 천 놀이

"천" 놀이를 통하여 자신감을 길러주며, 근력 및 민첩성, 순발력 등의 기초체력을 향상시킨다.

(1) 멀리 뛰기, 높이뛰기
(2) 천 밑으로 기어가서 배꼽 찌르기, 뽀뽀하기
(3) 줄다리기
(4) 천 위로기기, 아래로 기기
(5) 천 아래로 가기(동물 흉내 내기)
(6) 천 숨바꼭질

(1) 멀리뛰기, 높이뛰기

➾ 활동목표 : "천" 놀이를 통하여 자신감을 길러주며, 순발력을 기른다.

➾ 활동유형 : 개인

➾ 연령 : 5, 6, 7세

➾ 도입 및 활동 방법

1. 선생님과 보조 선생님이 양 끝에 천을 잡고 앉는다.
2. 유아들이 질서정연하게 천 앞에 선다.(천을 밟지 않는다)
3. "깡총" 신호에 맞춰 유아들도 "깡총" 하고 외치면서 토끼처럼 뛰어넘는다.
4. 천의 넓이와 높이를 조절하여 실시 할 수 있다.
5. 같은 방식으로 높이 뛰기도 할 수 있다.

➾ 준비물 : 천

➾ 유의점

1. 뛰어 넘을 때 부딪치지 않게 유아와 유아 사이에 충분한 거리를 둔다.
2. 천에 걸려 넘어 지지 않게 넓이와 높이를 조절하여야 한다.

(2) 천 밑으로 기어가서 배꼽 찌르기, 뽀뽀하기

- 활동목표 : "천" 놀이를 통하여 자신감을 길러주며, 민첩성을 기른다.
- 활동유형 : 개인
- 연령 : 5, 6, 7세
- 도입 및 활동 방법
  1. 선생님과 보조 선생님이 양 끝에 천을 잡고 앉는다.
  2. 한 팀은 뒤 돌아 앉아 숫자를 헤아리고 한 팀은 천 아래로 기어가 배꼽을 찌르고 빨리 자기자리로 온다.(배꼽 찌르기)
  3. 한 팀은 뒤 돌아 앉아 숫자를 헤아리고 한 팀은 천 아래로 기어가 상대 팀의 볼이나 이마에 뽀뽀 하고 빨리 자기자리로 돌아온다.(뽀뽀하기)
- 준비물 : 천
- 유의점
  1. 천을 이탈하지 않도록 주의를 준다.

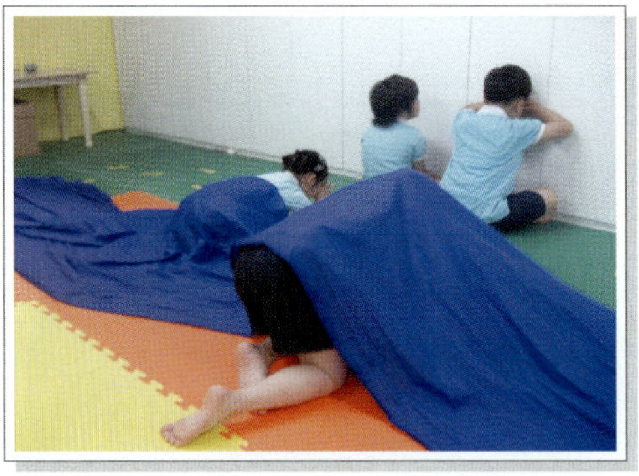

(3) 줄다리기

- 활동목표 : "천" 놀이를 통하여 자신감을 길러주며, 팔의 근력을 기른다.
- 활동유형 : 팀
- 연령 : 5, 6, 7세
- 도입 및 활동 방법

  1. 팀을 나누어 천 사이로 마주보고 앉는다.
  2. 천을 모아 잡은 뒤 "시작" 신호와 함께 줄다리기를 한다.
- 준비물 : 천
- 유의점

  1. 일방적인 게임이 되지 않게 팀을 조절한다.

(4) 천 밑으로 기기, 천 위로 기기

- 활동목표 : "천" 놀이를 통하여 자신감을 길러주며, 민첩성 및 근력을 기른다.
- 활동유형 : 개인
- 연령 : 5, 6, 7세
- 도입 및 활동 방법
  1. 선생님과 보조 선생님이 양 끝에 천을 잡고 앉는다.
  2. "출발" 신호와 함께 유아들은 천 밑으로 기어간다.
  3. "출발" 신호와 함께 유아들은 천 위로 기어간다.
  4. 도착한 유아들은 자기자리로 신속히 이동한다.
- 준비물 : 천
- 유의점
  1. 유아들이 부딪치지 않게끔 세심한 주의를 기울일 필요가 있다.

(5) 천 아래로 기기(동물 흉내 내기)

- 활동목표 : "천" 놀이를 통하여 자신감을 길러주며, 근력, 순발력, 민첩성 등의 기초체력을 향상시킨다.
- 활동유형 : 개인
- 연령 : 5, 6, 7세
- 도입 및 활동 방법
  1. 먼저, 선생님과 보조 선생님이 양 끝에 천을 잡고 앉는다.
  2. "출발" 신호와 함께 유아들은 천 아래로 동물 흉내를 내면서 상대팀 유아자리로 신속히 이동한다.(반복)
- 준비물 : 천
- 유의점
  1. 유아들이 부딪치지 않게끔 세심한 주의를 기울일 필요가 있다.

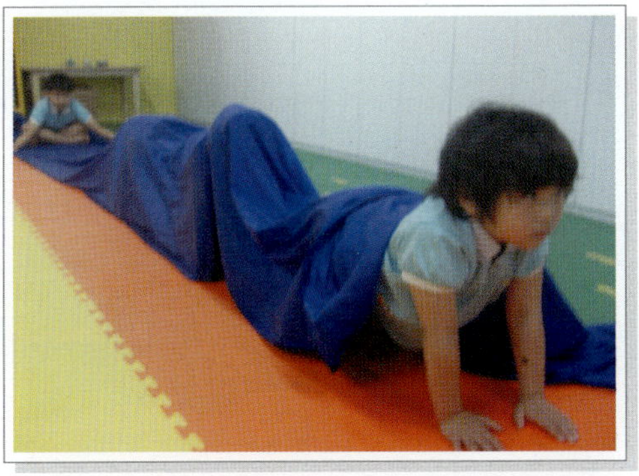

(6) 숨바꼭질

- 활동목표 : "천" 놀이를 통하여 자신감을 길러주며, 민첩성을 기른다.
- 활동유형 : 팀
- 연령 : 5, 6, 7세
- 도입 및 활동 방법
  1. 선생님과 보조 선생님이 양 끝에 천을 잡고 앉는다.
  2. 한 팀은 술래가 되어 "꼭!꼭! 숨어라 머리카락 보일라"를 외치고 다른 한 팀은 숫자를 헤아릴 때 동안 천 안으로 들어가 숨는다.
  3. 술래 팀은 "꼭!꼭 숨어라~"를 다 외치고 난 뒤 미처 숨지 못한 상대팀을 간지른다.
- 준비물 : 천
- 유의점
  1. 꼭꼭 숨은 유아에게는 위에서 누르거나 때리지 않도록 주의를 준다.

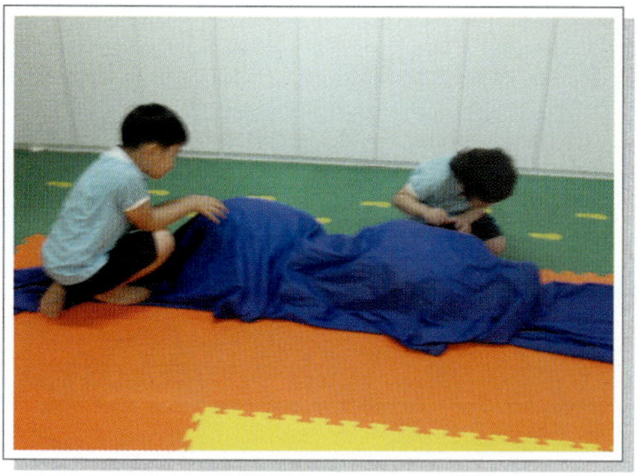

8) 색 카드 놀이

"색 카드" 놀이를 통하여 신체조절능력을 향상하며, 협응력 및 민첩성, 순발력 등의 기초체력을 향상시킨다.

(1) 앞, 뒤로 뒤집기

(2) 많이 모으기

(3) 색 카드 위로 걷기, 뛰기

(4) 색 카드 전달해서 쌓기

(1) 앞, 뒤로 뒤집기

- 활동목표 : "색 카드" 놀이를 통하여 신체조절능력을 향상하며, 민첩성을 기른다.
- 활동유형 : 팀
- 연령 : 5, 6, 7세
- 도입 및 활동 방법

1. 게임을 할 수 있도록 팀(남, 여, 혼합)을 나눈다.
1. 양 팀 으로 나누어진 유아들에게 자기 팀의 색깔을 인식 시킨다.
2. 바닥에 색 카드를 서로 반반씩 섞어 펼쳐 놓는다.
3. "시작" 신호와 함께 많은 색깔을 뒤집는 팀이 승리한다.
4. "그만" 신호와 함께 유아들은 자기자리로 돌아가서 "아빠다리" 하고 "손 머리" 한다.
5. 자기편 색깔로 많이 뒤집은 팀이 승리한다.

- 준비물 : 색 카드
- 유의점

1. 유아들이 게임 중에 머리를 서로 부딪치지 않게 주의를 준다.
2. "그만" 신호와 함께 자기 자기로 돌아가 앉을 수 있도록 게임 설명을 상세히 설명한다.
3. 유아들이 반칙을 하지 않도록 사전에 충분한 설명을 한다.

(2) 많이 모으기

⇨ 활동목표 : “색 카드” 놀이를 통하여 신체조절능력을 향상하며, 민첩성을 기른다.

⇨ 활동유형 : 팀

⇨ 연령 : 5, 6, 7세

⇨ 도입 및 활동 방법

1. 게임을 할 수 있도록 팀(남, 여, 혼합)을 나눈다.
2. 바닥에 색 카드를 펼쳐 놓는다.
3. “시작” 신호에 맞춰 많은 카드를 가져와 모으는 팀이 승리한다.
4. 팀에 색깔을 부여해 색깔별로 빨리 모으기 게임도 가능하다.

⇨ 준비물 : 색 카드

⇨ 유의점

1. 유아들이 게임 중에 머리를 서로 부딪치지 않게 주의를 준다.
2. 유아들이 반칙을 하지 않도록 사전에 충분한 설명을 한다.

(3) 색 카드 위로 걷기, 뛰기

- 활동목표 : "색 카드" 놀이를 통하여 신체조절능력을 향상하며, 평형성 및 집중력을 기른다.
- 활동유형 : 개인, 팀
- 연령 : 5, 6, 7세
- 도입 및 활동 방법
  1. 색 카드를 일정한 간격으로 배열한다.
  2. 한 명씩 걷기 또는 뛰기를 하며 건넌다.
  3. 시범을 보여준다.
  4. 간격과 배열은 유아들의 연령과 신체발달에 따라 변경 할 수 있다.
- 준비물 : 색 카드
- 유의점
  1. 너무 빨리 건너려고 카드를 잘 못 밟아 미끄러지지 않게 주의를 준다.

(4) 색 카드 전달해서 쌓기

- 활동목표 : "색 카드" 놀이를 통하여 신체조절능력을 향상하며, 협동심을 기른다.
- 활동유형 : 팀
- 연령 : 5, 6, 7세
- 도입 및 활동 방법
  1. 게임을 할 수 있도록 팀(남, 여, 혼합)을 나눈다.
  2. 양 팀에 일정 수량의 카드를 나누어 준다.
  3. 각 팀은 일렬로 나란히 서서 대기 하고 선생님과 보조 선생님이 각 팀의 맨 처음에 선다.
  4. "시작" 신호와 함께 첫 번째 주자에게 카드를 전달하면 두 번째 주자에게 전달, 반복하여 마지막 주자에게 까지 빨리 전달한다.
  5. 정해진 수량의 카드가 마지막 주자에게 까지 전부 전달되어 먼저 쌓는 팀이 승리를 한다.
- 준비물 : 색 카드
- 유의점
  1. 카드를 한 장씩 정확하게 전달 할 수 있도록 주의를 준다.
  2. 반칙을 하지 않게 사전에 충분한 설명을 한다. (건너뛰기, 던지기 등)

9) 통통 타이어 놀이

"통통 타이어" 놀이를 통하여 조작능력을 키우며, 근력 및 조정력 등의 기초체력을 향상시킨다.

(1) 굴리기
(2) 징검다리 걷기, 뛰기
(3) 2인 1조 옮기고, 뛰기
(4) 콩콩 뛰기

(1) 징검다리 걷기, 뛰기

- 활동목표 : "통통 타이어" 놀이를 통하여 조작능력을 키우며, 민첩성을 기른다.
- 활동유형 : 개인, 팀
- 연령 : 5, 6, 7세
- 도입 및 활동 방법
  1. 게임을 할 수 있도록 팀(남, 여, 혼합)을 나눈다.
  2. 타이어를 일정한 간격으로 배열한다.
  3. "시작" 신호와 함께 타이어 위를 걷기 또는 뛰기 놀이를 한 후, 자기자리로 돌아온다.
  4. 시범을 보여준다.
  5. 징검다리를 건널 때 한 발, 두 발, 여러 가지 모양 뛰기도 가능하다
- 준비물 : 통통 타이어
- 유의점
  1. 보조 선생님은 출발시키고, 선생님은 보조를 해 준다.
  2. 유아들의 연령과 신체발달에 따라 간격을 조절하여 준다.

(2) 콩콩 뛰기

- 활동목표 : "통통 타이어" 놀이를 통하여 조작능력을 키우며, 민첩성을 기른다.
- 활동유형 : 개인
- 연령 : 5, 6, 7세
- 도입 및 활동 방법
  1. 타이어를 일정한 간격으로 놓아둔다.
  2. 각 타이어 위에 한 명씩 올라가 서서 "시작" 신호와 함께 제자리에서 콩콩 뛴다.(한 발 뛰기, 두발 뛰기)
  3. 시범을 보여준다.
- 준비물 : 통통 타이어
- 유의점
  1. 하늘 높이 뛰었다가 내려올 때 다리를 헛딛지 않도록 주의 시킨다.

(3) 굴리기

◈ 활동목표 : "통통 타이어" 놀이를 통하여 조작능력을 키우며, 근력 및 조정력을 기른다.

◈ 활동유형 : 개인, 팀

◈ 연령 : 5, 6, 7세

◈ 도입 및 활동 방법

1. 게임을 할 수 있도록 팀(남, 여, 혼합)을 나눈다.
2. 각 팀에 한 명씩 나와 출발선에 타이어를 세우고 기다린다.
3. "출발" 신호와 함께 타이어를 굴려 반환점을 먼저 돌아오는 팀이 승리한다.
4. 시범을 보여준다.

◈ 준비물 : 통통 타이어

◈ 유의점

1. 유아들이 타이어를 굴릴 때 옆에서 보조한다.

(4) 2인 1조 옮기고, 뛰기

- 활동목표 : "통통 타이어" 놀이를 통하여 조작능력을 키우며, 근력 및 민첩성을 기른다.
- 활동유형 : 개인, 팀
- 연령 : 5, 6, 7세
- 도입 및 활동 방법

  1. 게임을 할 수 있도록 팀(남, 여, 혼합)을 나눈다.
  2. 한 명의 유아는 타이어를 옮기고, 다른 한 명은 옮겨 주는 타이어 위로 신속히 이동한다.
  2. 반복하여 반환점을 먼저 돌아오는 팀이 승리한다.
  3. 시범을 보여준다.
- 준비물 : 통통 타이어
- 유의점

  1. 타이어를 옮기는 거리를 조절하며 타이어가 무겁기 때문에 어린 유아들은 다치지 않게 주의한다.

10) 신문지 놀이

"신문지" 놀이를 통하여 신체발달을 도모하며, 근력 및 민첩성 등의 기초체력을 향상시킨다.

(1) 신문지 보기
(2) 소리내기
(3) 신문지 위로 올라가기2인 1조 옮기고, 뛰기
(4) 찢기 (길게, 짧게)
(5) 눈 만들기
(6) 눈싸움
(7) 신문지 격파
(8) 신문지 머리 위에 올려 반환점 돌아오기

(1) 신문지 보기

- 활동목표 : "신문지" 놀이를 통하여 신체발달을 도모하며, 집중력을 기른다.
- 활동유형 : 개인
- 연령 : 5, 6, 7세
- 도입 및 활동 방법
  1. 선생님은 유아들에게 신문지를 한 장씩을 나누어 준다.
  2. 신문지 양 끝을 잡고 신문지를 펼쳐본다.
  3. 선생님이 제시한 글자를 신문에서 찾거나 글을 읽어 본다.
- 준비물 : 신문지
- 유의점
  1. 신문을 볼 때 옆 유아들과 겹치지 않도록 충분히 거리를 유지한다.
  2. 선생님은 아이들이 쉽게 찾을 수 있는 글자를 선택한다.

(2) 소리내기

⇨ 활동목표 : "신문지" 놀이를 통하여 신체발달을 도모하며, 집중력을 기른다.

⇨ 활동유형 : 개인

⇨ 연령 : 5, 6, 7세

⇨ 도입 및 활동 방법

1. 선생님은 유아들에게 신문지를 한 장씩을 나누어 준다.
2. "시작" 신호와 함께 신문지를 흔들어 본다.
3. 응원 하듯이 펄럭여 보고 좌우, 앞뒤로 흔들러 본다.(작은 소리→큰소리)

⇨ 준비물 : 신문지

⇨ 유의점

1. 신문지를 흔들 때 옆 유아들과 부딪치지 않게 주의를 준다.

(3) 신문지 위에 올라가기

- 활동목표 : "신문지" 놀이를 통하여 신체발달을 도모하며, 평형성 및 집중력을 기른다.
- 활동유형 : 개인
- 연령 : 5, 6, 7세
- 도입 및 활동 방법
  1. 선생님은 유아들에게 신문지를 한 장씩을 나누어 준다.
  2. 신문지를 최대로 펼친 다음 위로 올라가 뛰어본다.
  3. 반씩 차례대로 접으면서 올라가 본다.
  4. 점점 작아지는 신문지 위에서 균형을 잡을 수 있게 유도한다.(한 발, 발끝..)
- 준비물 : 신문지
- 유의점
  1. 점점 작아지는 신문지 위로 올라 갈 때 발이 땅에 닫지 않도록 주의를 준다.

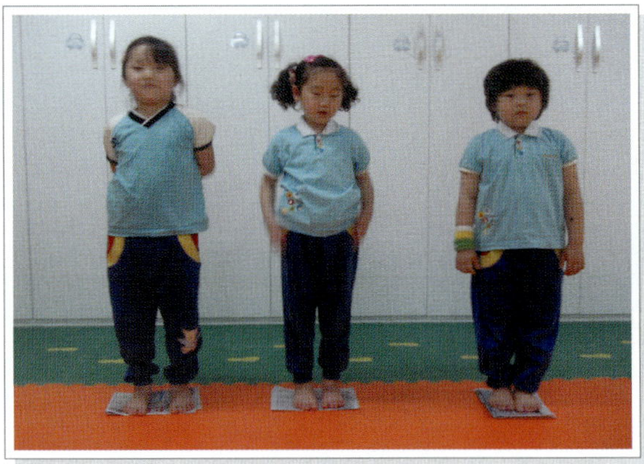

(4) 찢기(길게, 짧게)

⇨ 활동목표 : "신문지" 놀이를 통하여 신체발달을 도모하며, 손의 근력 및 협응력을 기른다.

⇨ 활동유형 : 개인

⇨ 연령 : 5, 6, 7세

⇨ 도입 및 활동 방법

1. 선생님은 유아들에게 신문지를 한 장씩을 나누어 준다.
2. "시작" 신호와 함께 신문지를 최대한 길게 찢는다.
3. 다음에는 신문지를 조각조각 낸다.

⇨ 준비물 : 신문지

(5) 눈 만들기

- 활동목표 : "신문지" 놀이를 통하여 신체발달을 도모하며, 손의 근력 및 협응력을 기른다.
- 활동유형 : 개인
- 연령 : 5, 6, 7세
- 도입 및 활동 방법
  1. "신문지 찢기"를 하고 난 뒤 활동한다.
  2. 조각을 낸 신문지를 모아 뭉쳐본다.
  3. 시범을 보여준다.
- 준비물 : 신문지
- 유의점
  1. 다른 유아들의 신문을 가져가서 하지 않도록 주의시킨다.

(6) 눈싸움

- 활동목표 : "신문지" 놀이를 통하여 신체발달을 도모하며, 민첩성 및 협응력을 기른다.
- 활동유형 : 팀
- 연령 : 5, 6, 7세
- 도입 및 활동 방법

1. "눈 만들기"를 하고 난 뒤 활동한다.
2. 만들어진 눈을 서로에게 던진다.
3. 상황에 따라 배꼽, 엉덩이, 다리 등의 목표물을 정하여 던지도록 유도한다.

- 준비물 : 신문지
- 유의점

1. 눈을 던질 때 얼굴이나 목에 던지지 않도록 주의를 준다.

(7) 신문지 격파

⇨ 활동목표 : "신문지" 놀이를 통하여 신체발달을 도모하며, 근력 및 집중력을 기른다.

⇨ 활동유형 : 개인, 팀

⇨ 연령 : 5, 6, 7세

⇨ 도입 및 활동 방법

1. 선생님이 신문지를 펼쳐 들고 선다.
2. 유아들을 한 명씩 불러내어 격파하여 본다.(찌르기, 발차기 등).
3. 유아들에게 짝을 지어주어 2인 1조로 하여도 좋다.
4. 시범을 보여준다.

⇨ 준비물 : 신문지

⇨ 유의점

1. 신문지를 격파할 때 서로의 몸에 부딪히지 않도록 주의한다.

(8) 신문지 머리 위에 올리고 반환점 돌아오기

- 활동목표 : "신문지" 놀이를 통하여 신체발달을 도모하며, 평형성 및 집중력을 기른다.
- 활동유형 : 개인, 팀
- 연령 : 5, 6, 7세
- 도입 및 활동 방법
  1. 게임을 할 수 있도록 팀(남, 여, 혼합)을 나눈다.
  2. 선생님은 유아들에게 신문지를 한 장씩을 나누어 준다.
  3. "시작" 신호와 함께 신문지를 머리 위에서 떨어뜨리지 않고 반환점을 먼저 돌아오는 유아가 승리를 한다.
  4. 시범을 보여준다.
- 준비물 : 신문지, 반환점
- 유의점
  1. 반칙을 하지 않게 주의를 준다.
  2. 유아들이 너무 빨리 가서 신문이 떨어지지 않도록 한다.

11) 공 놀이

"공" 놀이를 통하여 기본운동능력을 배양하며, 민첩성 및 순발력 등의 기초체력을 향상시킨다.

(1) 발로 옮기기
(2) 들고 옮기기
(3) 패스(발, 손)
(4) 전달하기
(5) 공 튕겨보기

(1) 발로 옮기기

⇨ 활동목표 : "공" 놀이를 통하여 기본운동능력을 배양하며, 집중력 및 협응력을 기른다.

⇨ 활동유형 : 개인, 팀

⇨ 연령 : 5, 6, 7세

⇨ 도입 및 활동 방법

1. 게임을 할 수 있도록 팀(남, 여, 혼합)을 나눈다.
2. 한 명씩 나와서 축구공을 앞에 두고, "시작" 신호와 함께 축구공을 드리블하여 반환점을 빨리 돌아오는 팀이 승리한다.
3. 시범을 보여준다.

⇨ 준비물 : 축구공, 반환점

⇨ 유의점

1. 드리블을 할 때 세게 차서 엉뚱한 방향으로 굴러 가지 않도록 주의를 준다.

(2) 들고 옮기기

- 활동목표 : "공" 놀이를 통하여 기본운동능력을 배양하며, 민첩성 및 협응력을 기른다.
- 활동유형 : 개인, 팀
- 연령 : 5, 6, 7세
- 도입 및 활동 방법
  1. 게임을 할 수 있도록 팀(남, 여, 혼합)을 나눈다.
  2. 각 팀의 한 명씩 나와서 축구공을 들고 "시작" 신호와 함께 빨리 반환점을 돌아오는 팀이 승리를 한다.
  3. 여분의 축구공을 준비 하여 옮기면서 놓고 오는 왕복 달리기도 가능하다.
  4. 시범을 보여준다.
- 준비물 : 축구공, 반환점
- 유의점
  1. 공을 들고 뛰어 갈 때 유아가 넘어지지 않도록 주의 시킨다.

(3) 전달하기

⇒ 활동목표 : "공" 놀이를 통하여 기본운동능력을 배양하며, 유연성 및 협응력을 기른다.

⇒ 활동유형 : 개인, 팀

⇒ 연령 : 5, 6, 7세

⇒ 도입 및 활동 방법

1. 게임을 할 수 있도록 팀(남, 여, 혼합)을 나눈다. .
2. 유아들을 일렬로 배치시킨다. "시작" 신호와 함께 제일 앞에 있는 유아는 공을 뒤로 전달한다.
3. 그 공이 마지막 까지 빨리 전달되는 팀이 승리를 한다.
4. 시범을 보여준다.(여러 개의 공으로 실시하여도 좋다)

⇒ 준비물 : 축구공

⇒ 유의점

1. 중간에 건너뛰는 일이 없도록 주의를 준다.

(4) 공 튕겨 보기

- 활동목표 : "공" 놀이를 통하여 기본운동능력을 배양하며, 근력 및 협응력을 기른다.
- 활동유형 : 개인
- 연령 : 5, 6, 7세
- 도입 및 활동 방법
  1. 유아들에게 공을 나누어 준다.
  2. 선생님의 구령에 맞춰 한 번, 두 번, 세 번, 연속으로 튀겨 본다.
  3. 공을 튕기면서 반환점을 달려오는 게임도 할 수 있다.
  4. 시범을 보여준다.
- 준비물 : 축구공, 반환점
- 유의점
  1. 공 이 잘 튕길 수 있도록 사전에 충분한 바람을 넣어 둔다.

(5) 패스(손, 발)

- 활동목표 : "공" 놀이를 통하여 기본운동능력을 배양하며, 집중력 및 협응력을 기른다.
- 활동유형 : 개인, 팀
- 연령 : 5, 6, 7세
- 도입 및 활동 방법
  1. 2인 1조가 되어, 일정한 거리를 두고 간격을 벌린다.
  2. "시작" 신호와 함께 손이나 발로 던지거나 차서 패스한다.
  3. 시범을 보여준다.
- 준비물 : 축구공
- 유의점
  1. 너무 세게 차거나 던지지 않게 주의한다.

12) 신호등 놀이(링)

"신호등" 놀이를 통하여 신체조절능력을 키우며, 순발력 및 민첩성 등의 기초체력을 향상시킨다.

(1) 색깔 찾아 놓기
(2) 링 쌓기(왕복달리기)
(3) 링 쌓고 넘어뜨리기

(1) 링 쌓기(왕복달리기)

- 활동목표 : "신호등" 놀이를 통하여 신체조절능력을 키우며, 민첩성 및 협응력을 기른다.
- 활동유형 : 개인, 팀
- 연령 : 5, 6, 7세
- 도입 및 활동 방법

1. 게임을 할 수 있도록 팀(남, 여, 혼합)을 나눈다.
2. 일정 거리를 두고 신호등 링을 여러 개 내려놓고, 신호등 판의 검정색 동그라미가 위로 향하게 둔다.
3. 각 팀의 대표가(개인, 2인, 3인)나와 "시작" 신호와 함께 달려가 한 번에 하나 씩 가져와 검정색 동그라미 위에 쌓는다.(링 수를 조절한다.)
4. 정해진 수만큼 먼저 쌓는 유아가 승리 한다.
5. 시범을 보여준다.

- 준비물 : 호등 링, 판
- 유의점

1. 신호등을 한 번에 한 개씩 옮길 수 있도록 유도한다.
2. 2인 이상이 활동 할 때 서로 부딪히지 않도록 주의한다.

(2) 색깔 찾아 놓기

- 활동목표 : "신호등" 놀이를 통하여 신체조절능력을 키우며, 민첩성 및 협응력을 기른다.
- 활동유형 : 개인, 팀
- 연령 : 5, 6, 7세
- 도입 및 활동 방법
  1. 게임을 할 수 있도록 팀(남, 여, 혼합)을 나눈다.
  2. 일정 거리를 두고 신호등 링과 신호등 판을 놓는다.
  3. "시작" 신호와 함께 달려가 링을 하나 씩 가져와 같은 색깔끼리 판에 놓는다.
  4. 반복하여 색깔을 먼저 다 맞추는 유아가 승리한다.
  5. 링과 판의 수를 늘려 2인 1조로 하여도 좋다.
- 준비물 : 신호등 링, 판
- 유의점
  1. 신호등을 한 번에 한 개씩 옮길 수 있도록 유도한다.

(3) 링 쌓고 넘어뜨리기

- 활동목표 : "신호등" 놀이를 통하여 신체조절능력을 키우며, 민첩성 및 집중력을 기른다.
- 활동유형 : 개인, 팀
- 연령 : 5, 6, 7세
- 도입 및 활동 방법

1. 게임을 할 수 있도록 팀(남, 여, 혼합)을 나눈다.
2. 일정 거리를 두고 신호등 링을 여러 개 내려놓고, 신호등 판의 검정색 동그라미가 위로 향하게 둔다.
3. 각 팀의 대표가(개인, 2인, 3인)나와 "시작" 신호와 함께 달려가 한 번에 하나 씩 가져와 검정색 동그라미 위에 쌓는다.(링 수량을 조절한다.)
4. 정해진 수량만큼 먼저 쌓고 발로 차서 넘어뜨리면 승리 한다.
5. 시범을 보여준다.

- 준비물 : 신호등 링, 판
- 유의점

1. 신호등을 한 번에 한 개씩 옮길 수 있도록 유도한다.
2. 2인 이상이 활동 할 때 서로 부딪히지 않도록 주의한다.

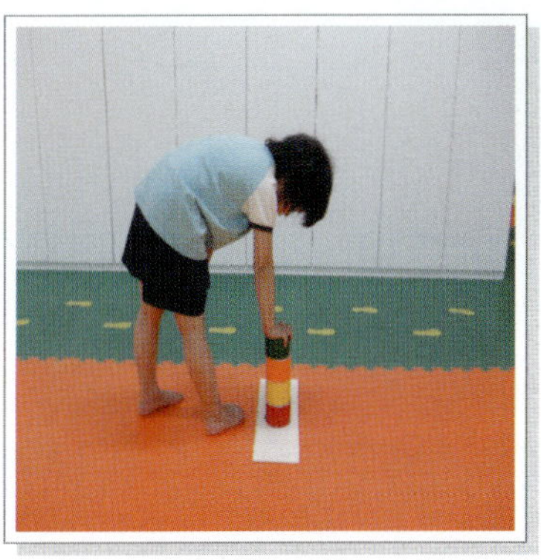

13) 반구 놀이

"반구" 놀이를 통하여 조작능력을 키우며, 순발력 및 민첩성, 협응력 등의 기초 체력을 향상시킨다.

(1) 반구 쓰고 반환점 돌아오기
(2) 반구 위 걷기(둥글게, 그릇)
(3) 반구 뒤집기
(4) 모양 만들기
(5) 반구 지그재그 걷기, 뛰기

(1) 반구 쓰고 반환점 돌아오기

⇨ 활동목표 : "반구" 놀이를 통하여 조작능력을 키우며, 평형성 및 협응력을 기른다.

⇨ 활동유형 : 개인, 팀

⇨ 연령 : 5, 6, 7세

⇨ 도입 및 활동 방법

1. 게임을 할 수 있도록 팀(남, 여, 혼합)을 나눈다.
2. 반구를 예쁘게 쓰고, 양손은 벌려 "시작" 신호와 함께 반구를 떨어뜨리지 않고 빨리 돌아오는 유아가 승리한다.
3. 단, 반칙을 하면 진다.(고깔을 떨어뜨리고 오기)

⇨ 준비물 : 반구

⇨ 유의점

1. 반칙을 잘 지적하여 공정성에 유의한다.

(2) 반구 위 걷기(둥글게, 그릇)

- 활동목표 : "반구" 놀이를 통하여 조작능력을 키우며, 평형성 및 집중력을 기른다.
- 활동유형 : 개인
- 연령 : 5, 6, 7세
- 도입 및 활동 방법

1. 반구를 둥근 모양이 되도록 하여 바닥에 배열한다.
2. 차례대로 나와 양손을 벌려 반구 위를 걷는다.
3. 반구와 반구사이의 거리를 조절하여 미끄러지지 않도록 한다.
4. 둥근 모양이 어려운 유아들은 반구를 뒤집어 그릇 모양으로 활동한다.
5. 시범을 보여준다.

- 준비물 : 반구
- 유의점

1. 반구에서 발이 미끄러지지 않게 실내화를 신거나, 맨발로 활동한다.

(3) 반구 뒤집기

- 활동목표 : "반구" 놀이를 통하여 조작능력을 키우며, 민첩성 및 협응력을 기른다.
- 활동유형 : 팀
- 연령 : 5, 6, 7세
- 도입 및 활동 방법

1. 게임을 할 수 있도록 팀(남, 여, 혼합)을 나눈다.
2. 바닥에 넓게 반구를 둥근 모양, 그릇모양으로 반반씩 내려놓는다.
3. 각 팀이 뒤집어야 할 반구 모양을 설명한다.(A팀 : 둥글게, B팀 : 그릇모양)
4. "시작" 신호와 함께 반구를 뒤집기 시작한다. 자기편 반구 모양을 많이 뒤집은 팀이 승리한다.
5. 시범을 보여준다.

- 준비물 : 반구
- 유의점

1. 반구를 겹쳐서 뒤집거나, 가지고 다니지 않게 주의를 준다.
2. 시작 시 유아들끼리 서로 머리가 부딪히지 않도록 주의를 준다.

(4) 모양 만들기

- 활동목표 : "반구" 놀이를 통하여 조작능력을 키우며, 협동심 및 창의력을 기른다.
- 활동유형 : 소그룹, 전체그룹
- 연령 : 5, 6, 7세
- 도입 및 활동 방법
  1. 게임을 할 수 있도록 팀(남, 여, 혼합)을 나눈다.
  2. 반구를 바닥에 넓게 내려놓고, 여러 가지 모양에 대해 설명하며 만들어 볼 수 있도록 유도한다.
  3. "시작" 신호와 함께 반구를 주워 각 팀의 정해진 자리에 모양을 만든다. (세모, 네모, 동그라미, 하트 등)
  4. 먼저 정해진 모양을 만드는 팀이 승리를 한다.
- 준비물 : 반구
- 유의점
  1. 시작 시 유아들끼리 서로 머리가 부딪히지 않도록 주의를 준다.
  2. 선생님과 보조 선생님은 정확한 모양을 만들 수 있도록 유도한다.

(5) 반구 지그재그 걷기, 뛰기

- 활동목표 : "반구" 놀이를 통하여 조작능력을 키우며, 민첩성 및 협응력을 기른다.
- 활동유형 : 개인, 팀
- 연령 : 5, 6, 7세
- 도입 및 활동 방법
  1. 반구를 일정한 간격에 맞춰 배열한다.
  2. "시작" 신호에 따라서 한 명씩 지그재그로 출발시킨다.
  3. 상황에 따라 걷기, 뛰기를 병행한다.
- 준비물 : 반구
- 유의점
  1. 보조 선생님이 출발을 시키고, 선생님이 보조를 해준다.
  2. 반구를 통과 할 때 위로 넘지 않도록 주의를 준다.

14) 오재미 놀이

"오재미" 놀이를 통하여 기본운동능력을 키우며, 순발력 및 민첩성, 조정력 등의 기초체력을 향상시킨다.

(1) 신체부위에 올리고 균형 잡기
(2) 신체부위에 올리고 걷기
(3) 2인 1조 주고받기
(4) 왕복 달리기

(1) 신체부위에 올리고 균형 잡기

- 활동목표 : "오재미" 놀이를 통하여 기본운동능력을 키우며, 평형성 및 집중력을 기른다.
- 활동유형 : 개인
- 연령 : 5, 6, 7세
- 도입 및 활동 방법
  1. 오재미를 하나 씩 나누어 준다.
  2. 일정하게 거리를 두고 나란히 서서 신체부위(머리, 어깨, 가슴 등)에 올려 떨어뜨리지 않도록 균형을 잡는다.
  3. 상황에 따라 팔과 다리를 한쪽 씩 들어보기도 한다.
  4. 시범을 보여준다.
- 준비물 : 오재미
- 유의점
  1. 정확한 신체부위에 올릴 수 있도록 유도하며, 오재미가 떨어지지 않도록 유도한다.

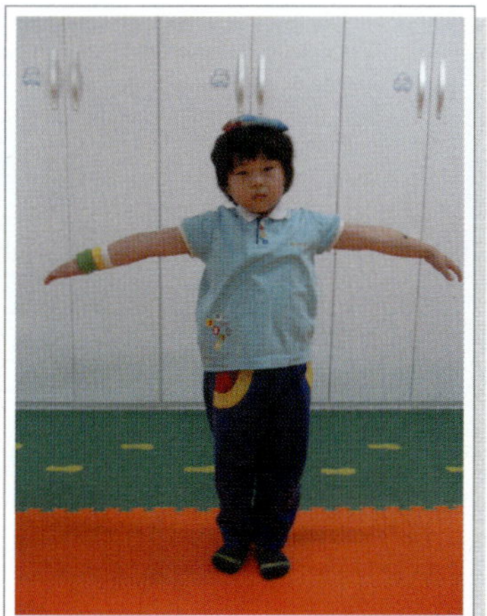

(2) 신체부위에 올리고 걷기

- 활동목표 : "오재미" 놀이를 통하여 기본운동능력을 키우며, 평형성 및 집중력을 기른다.
- 활동유형 : 개인, 팀
- 연령 : 5, 6, 7세
- 도입 및 활동 방법
  1. 일정 거리를 두고 반환점을 지정한다.
  2. 각 팀의 한명 씩 나와 오재미를 하나 씩 받아 신체부위에 올려서 대기한다.
  3. "시작" 신호와 함께 오재미를 떨어뜨리지 않고 반환점을 먼저 돌아오면 승리한다.
  4. 시범을 보여준다.
- 준비물 : 오재미, 반환점
- 유의점
  1. 정확한 신체부위에 올릴 수 있도록 유도하며, 오재미가 떨어지지 않도록 유도한다.
  2. 무리하게 뛰거나 달리지 않도록 주의를 준다.

(3) 2인 1조 주고 받기

⇨ 활동목표 : "오재미" 놀이를 통하여 기본운동능력을 키우며, 집중력 및 협응력을 기른다.

⇨ 활동유형 : 팀

⇨ 연령 : 5, 6, 7세

⇨ 도입 및 활동 방법

1. 2인 1조가 되도록 팀을 나눈다.
2. 각 조에 하나 또는 여러 개의 오재미를 주고 일정거리를 두고 마주 선다.
3. "시작" 신호와 함께 상대 유아에게 오재미를 던진다.(위로, 아래로 ,옆으로)
4. 시범을 보여준다.

⇨ 준비물 : 오재미

⇨ 유의점

1. 오재미를 던질 때 상대방이 맞지 않도록 표적을 몸의 하단부위에 두고 던질 수 있도록 유도한다.

(5) 오재미 왕복 달리기

- 활동목표 : "오재미" 놀이를 통하여 기본운동능력을 키우며, 민첩성을 기른다.
- 활동유형 : 개인, 팀
- 연령 : 5, 6, 7세
- 도입 및 활동 방법
  1. 게임을 할 수 있도록 팀(남, 여, 혼합)을 나눈다.
  2. 일정 수량의 오재미를 반환점에 세워둔다.
  3. "시작" 신호와 함께 달려가 오재미를 출발 지점으로 가져와서 두고, 다시 달려가기를 반복 한다.
  4. 시범을 보여준다.
- 준비물 : 오재미
- 유의점
  1. 오재미를 한 번에 한 개씩 가져와야 된다고 인식 시킨다.
  2. 연령에 따라 오재미를 가져오는 횟수를 늘려 지도한다.

15) 비석 놀이

"비석" 놀이를 통하여 자신감을 배양하며, 순발력 및 민첩성, 조정력, 등의 기초 체력을 향상시킨다.

(1) 비석 던지기
(2) 비석 던져서 넘어뜨리기
(3) 비석 징검다리 건너기
(4) 비석 쌓기(왕복 달리기)
(5) 비석 볼링

(1) 비석 던지기

- 활동목표 : "비석" 놀이를 통하여 자신감을 배양하며, 근력을 기른다.
- 활동유형 : 개인, 팀
- 연령 : 5, 6, 7세
- 도입 및 활동 방법
  1. 비석을 하나 씩 나누어준다.
  2. 사람과 사물이 없는 벽을 보고서서 "시작" 신호와 함께 일제히 비석을 던진다.(위로, 아래로, 옆으로 등)
  3. 시범을 보여준다.
- 준비물 : 비석
- 유의점
  1. 비석을 던지는 벽 앞에는 사람과 사물이 있으면 위험하니 주의한다.

(2) 비석 던져서 넘어뜨리기

⇨ 활동목표 : "비석" 놀이를 통하여 자신감을 배양하며, 근력 및 집중력을 기른다.

⇨ 활동유형 : 개인, 팀

⇨ 연령 : 5, 6, 7세

⇨ 도입 및 활동 방법

1. 일정 거리를 두고 비석을 세운다.
2. "시작" 신호와 함께 비석을 던져 세워진 비석을 넘어뜨린다.
3. 연령에 따라 거리를 조절하여 활동한다.
4. 시범을 보여준다.

⇨ 준비물 : 비석

⇨ 유의점

1. 비석을 던지는 벽 앞에는 사람과 사물이 있으면 위험하니 주의한다.

(3) 비석 징검다리 건너기

- 활동목표 : "비석" 놀이를 통하여 자신감을 배양하며, 평형성 및 집중력을 기른다.
- 활동유형 : 개인
- 연령 : 5, 6, 7세
- 도입 및 활동 방법
  1. 일정 간격으로 비석을 바닥에 배열한다.
  2. 차례대로 나와 "시작" 신호와 함께 배열된 비석 위를 밟고 건넌다.
  3. 시범을 보여준다.
  4. 상황에 따라 비석을 일렬, 지그재그 등으로 배열하여도 좋다.
- 준비물 : 비석
- 유의점
  1. 비석 징검다리를 밟을 때 미끄러지지 않게 실내화를 착용한다.

(4) 비석 쌓기(왕복 달리기)

⇨ 활동목표 : "비석" 놀이를 통하여 자신감을 배양하며, 평형성 및 집중력을 기른다.

⇨ 활동유형 : 개인, 팀

⇨ 연령 : 5, 6, 7세

⇨ 도입 및 활동 방법

1. 게임을 할 수 있도록 팀(남, 여, 혼합)을 나눈다.
2. 일정 수량의 비석을 쌓아 반환점에 세워둔다.
2. "시작" 신호와 함께 달려가 비석을 출발 지점으로 가져와서 두고, 다시 달려가기를 반복 한다.
3. 시범을 보여준다.

⇨ 준비물 : 비석

⇨ 유의점

1. 비석을 한 번에 한 개씩 가져와야 된다고 인식 시킨다.
2. 연령에 따라 비석을 가져오는 횟수를 늘려 지도한다.

(5) 비석 볼링

⇒ 활동목표 : "비석" 놀이를 통하여 자신감을 배양하며, 근력 및 집중력을 기른다.

⇒ 활동유형 : 개인, 팀

⇒ 연령 : 5, 6, 7세

⇒ 도입 및 활동 방법

1. 게임을 할 수 있도록 팀(남, 여, 혼합)을 나눈다.
2. 볼링에 대한 방법 및 기술 등을 이야기 해본다.
3. 일정거리를 두고 비석을 볼링 핀처럼 세운다.
4. 각 팀에 한 명씩 나와 "시작" 신호와 함께 비석을 굴려 핀을 많이 넘어뜨리는 유아가 승리한다.
5. 시범을 보여준다.
6. 상황에 따라 거리를 조절하여 비석을 배열하여도 좋다.

⇒ 준비물 : 비석

⇒ 유의점

1. 비석을 굴리지 않고 던져서 맞추지 않도록 유도한다.
2. 비석 핀을 세울 때에는 사람이나 사물이 없는 벽면 앞에 세우도록 한다.

16) 드럼통 놀이

"드럼통" 놀이를 통하여 신체발달을 도모하며, 순발력 및 민첩성, 조정력, 등의 기초체력을 향상시킨다.

(1) 드럼통 굴리기
(2) 2인 1조 드럼통 굴리기
(3) 드럼통 왕복 달리기
(4) 드럼통 들고 달리기
(5) 2인 1조 드럼통 들고 달리기

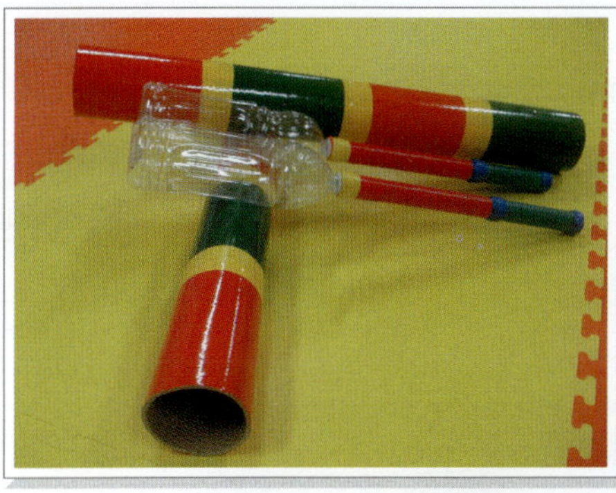

(1) 드럼통 굴리기

- 활동목표 : "드럼통" 놀이를 통하여 신체발달을 도모하며, 협응력 및 집중력을 기른다.
- 활동유형 : 개인, 팀
- 연령 : 5, 6, 7세
- 도입 및 활동 방법
  1. 게임을 할 수 있도록 팀(남, 여, 혼합)을 나눈다.
  2. 일정 거리를 두고 반환점을 세운다.
  3. 바닥에 드럼통을 내려놓고, "시작" 신호와 함께 손잡이로 드럼통을 굴려 반환점을 돌아 먼저 도착하면 승리한다.
  3. 시범을 보여준다.
- 준비물 : 드럼통, 손잡이, 반환점
- 유의점
  1. 드럼통을 굴릴 때의 손잡이는 드럼통의 중앙에 위치하도록 이야기 한다.
  2. 반환점을 돌 때 드럼통이 잘 돌아서 갈 수 있도록 보조한다.

(2) 2인 1조 드럼통 굴리기

- 활동목표 : "드럼통" 놀이를 통하여 신체발달을 도모하며, 협동심 및 집중력을 기른다.
- 활동유형 : 팀
- 연령 : 5, 6, 7세
- 도입 및 활동 방법
  1. 게임을 할 수 있도록 팀(남, 여, 혼합)을 나눈다.
  2. 일정 거리를 두고 반환점을 세운다.
  3. 바닥에 2인용 드럼통을 내려놓고, "시작" 신호와 함께 손잡이로 드럼통을 굴려 반환점을 돌아 먼저 도착하면 승리한다.
  3. 시범을 보여준다.
- 준비물 : 2인용 드럼통, 손잡이, 반환점
- 유의점
  1. 드럼통을 굴릴 때 손잡이의 위치를 정확히 말해 주어 한 쪽으로 치우치지 않도록 주의한다.
  2. 협동심을 요구하는 활동이므로 혼자 굴려서 가지 않도록 유도한다.

(3) 드럼통 왕복 달리기

⇨ 활동목표 : "드럼통" 놀이를 통하여 신체발달을 도모하며, 민첩성을 기른다.

⇨ 활동유형 : 개인, 팀

⇨ 연령 : 5, 6, 7세

⇨ 도입 및 활동 방법

1. 게임을 할 수 있도록 팀(남, 여, 혼합)을 나눈다.
2. 일정 거리를 두고 반환점을 세운다.
3. 출발지점에 일정 수량의 드럼통을 세워 두고, "시작" 신호와 함께 달려가 한 번에 하나 씩 드럼통을 들고 달려가 반환점으로 옮겨 세운다.
4. 먼저 드럼통을 다 옮겨 세우는 팀이 승리 한다.
5. 시범을 보여준다.

⇨ 준비물 : 드럼통, 반환점

⇨ 유의점

1. 한 번에 하나 씩 옮길 수 있도록 사전에 충분히 설명해준다.
2. 드럼통을 옮겨 세울 때 넘어지지 않도록 주의한다.

(4) 드럼통 들고 달리기

◈ 활동목표 : "드럼통" 놀이를 통하여 신체발달을 도모하며, 민첩성을 기른다.

◈ 활동유형 : 개인, 팀

◈ 연령 : 5, 6, 7세

◈ 도입 및 활동 방법

1. 게임을 할 수 있도록 팀(남, 여, 혼합)을 나눈다.
2. 일정 거리를 두고 반환점을 세운다.
3. 각 팀에 한 명씩 나와 드럼통을 들고, "시작" 신호와 함께 달려가 반환점을 돌아 빨리 오면 승리 한다.
4. 상황에 따라 반환점을 지그재그 모양으로 배열하여 활동한다.
5. 시범을 보여준다.

◈ 준비물 : 드럼통, 반환점

◈ 유의점

1. 드럼통을 가슴 앞에 두고 양손으로 안거나 겨드랑이에 끼워 들게 한다.

(5) 2인 1조 드럼통 들고 달리기

⇨ 활동목표 : "드럼통" 놀이를 통하여 신체발달을 도모하며, 협동심 및 민첩성을 기른다.

⇨ 활동유형 : 팀

⇨ 연령 : 5, 6, 7세

⇨ 도입 및 활동 방법

1. 게임을 할 수 있도록 팀(남, 여, 혼합)을 나눈다.
2. 일정 거리를 두고 반환점을 세운다.
3. 각 팀에 두 명씩 나와 드럼통을 들고, "시작" 신호와 함께 달려가 반환점을 돌아오면 승리 한다.
4. 상황에 따라 반환점을 지그재그 모양으로 배열하여 활동한다.
5. 시범을 보여준다.

⇨ 준비물 : 2인용 드럼통, 반환점

⇨ 유의점

1. 드럼통을 가슴 앞에 두고 양손으로 안거나 겨드랑이에 끼워 들게 한다.
2. 협동심을 요구하는 활동이므로 혼자서 달려가지 않도록 유도한다.

17) 캉캉자루 놀이

"캉캉자루" 놀이를 통하여 기초체력을 키우며, 순발력 및 민첩성, 조정력을 기른다.

(1) 캉캉자루 안에 숨기

(2) 왕복 달리기

(1) 캉캉자루 안에 숨기

- 활동목표 : "캉캉자루" 놀이를 통하여 기초체력을 키우며, 민첩성을 기른다.
- 활동유형 : 개인
- 연령 : 5, 6, 7세
- 도입 및 활동 방법
  1. 캉캉자루를 하나 씩 나누어 준다.
  2. 유아들이 무서워하는 것(동물, 귀신 등)에 대해 이야기 해본다.
  3. 선생님이 무서운 동물이나 귀신이 되어 나타나면 유아들은 재빨리 캉캉자루 안으로 꼭꼭 숨을 수 있도록 유도한다.
  4. 유아들은 캉캉자루 속에 숨어서 "깡총, 깡총" 뛰며 도망간다.
- 준비물 : 캉캉자루
- 유의점
  1. 캉캉자루에 숨을 때 뒤집어쓰거나, 발부터 들어가 숨도록 유도한다.

(2) 캉캉자루 달리기

- 활동목표 : "캉캉자루" 놀이를 통하여 기초체력을 키우며, 민첩성을 기른다.
- 활동유형 : 개인, 팀
- 연령 : 5, 6, 7세
- 도입 및 활동 방법

1. 게임을 할 수 있도록 팀(남, 여, 혼합)을 나눈다.
2. 일정 거리를 두고 반환점을 세운다.
3. 각 팀에 한 명씩 나와 캉캉자루에 들어가 기다린다.(손잡이를 꼭 잡는다)
4. "시작" 신호와 함께 "깡총, 깡총" 뛰면서 반환점을 먼저 돌아오면 승리한다.
5. 시범을 보여준다.

- 준비물 : 캉캉자루, 반환점
- 유의점

1. 캉캉자루의 손잡이를 반드시 잡아 뛰어갈 때 자루가 벗겨지지 않도록 주의한다.

18) 대형바통 놀이

"대형바통" 놀이를 통하여 신체발달을 키우며, 민첩성 및 조정력 등의 기초체력을 향상시킨다.

(1) 대형바통 안고 달리기

(2) 다리사이에 끼고 달리기

(3) 어깨에 올리고 달리기

(4) 대형바통 뛰어 넘기

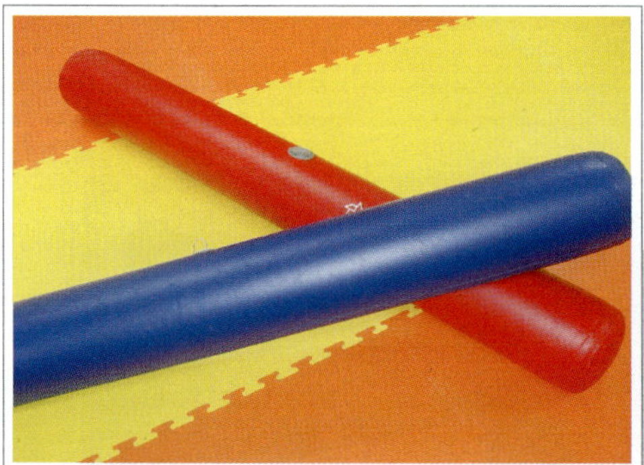

(1) 대형바통 안고 달리기

⇨ 활동목표 : "대형바통" 놀이를 통하여 신체발달을 키우며, 민첩성 및 조정력을 기른다.

⇨ 활동유형 : 팀

⇨ 연령 : 5, 6, 7세

⇨ 도입 및 활동 방법

1. 게임을 할 수 있도록 팀(남, 여, 혼합)을 나눈다.
2. 일정 거리를 두고 반환점을 세운다.
3. 각 팀에 2~3 명씩 나와 대형바통을 가슴 앞에서 안고 대기한다.
4. "시작" 신호와 함께 출발하여 반환점을 먼저 돌아오면 승리한다.
5. 시범을 보여준다.

⇨ 준비물 : 대형바통, 반환점

⇨ 유의점

1. 대형바통을 들 때 유아들의 키가 비슷하도록 하여 시야 확보를 할 수 있게 해준다.

(2) 대형바통 다리사이에 끼고 달리기

- 활동목표 : "대형바통" 놀이를 통하여 신체발달을 키우며, 근력 및 민첩성을 기른다.
- 활동유형 : 팀
- 연령 : 5, 6, 7세
- 도입 및 활동 방법

1. 게임을 할 수 있도록 팀(남, 여, 혼합)을 나눈다.
2. 일정 거리를 두고 반환점을 세운다.
3. 각 팀에 2~3 명씩 나와 대형바통을 다리사이에 끼고 서서 기다린다.
4. "시작" 신호와 함께 출발하여 반환점을 먼저 돌아오면 승리한다.
5. 시범을 보여준다.

- 준비물 : 대형바통, 반환점
- 유의점

1. 다리사이에 낀 대형바통이 떨어지지 않도록 주의한다.

(3) 대형바통 팔에 끼고 달리기

- 활동목표 : "대형바통" 놀이를 통하여 신체발달을 키우며, 근력 및 민첩성을 기른다.
- 활동유형 : 팀
- 연령 : 5, 6, 7세
- 도입 및 활동 방법

1. 게임을 할 수 있도록 팀(남, 여, 혼합)을 나눈다.
2. 일정 거리를 두고 반환점을 세운다.
3. 각 팀에 2~3 명씩 나와 일렬로 서서 대형바통을 어깨에 끼우고 기다린다.
4. "시작" 신호와 함께 출발하여 반환점을 먼저 돌아오면 승리한다.
5. 시범을 보여준다.

- 준비물 : 대형바통, 반환점
- 유의점

1. 대형바통을 다 같이 잡고 반환점을 돌아 올 수 있도록 보조한다.

(4) 대형바통 뛰어 넘기

- 활동목표 : "대형바통" 놀이를 통하여 신체발달을 키우며, 순발력을 기른다.
- 활동유형 : 팀
- 연령 : 5, 6, 7세
- 도입 및 활동 방법
  1. 게임을 할 수 있도록 팀(남, 여, 혼합)을 나눈다.
  2. 일정 거리를 두고 선생님과 보조 선생님은 마주보고 선다.
  3. 각 팀에 2~3 명씩 선생님과 보조 선생님 사이로 서고, 서로 손을 잡고 기다린다.
  4. "돌, 굴러가유 ~" 신호에 맞춰 선생님과 대형바통을 보조 선생님 쪽으로 굴리면, 유아들은 "깡총" 뛰어서 대형바통을 뛰어 넘는다.
  5. 반대로, 보조 선생님이 선생님 쪽으로 굴리면 뒤돌아서 뛰어넘는다.(반복)
  6. 시범을 보여준다.
- 준비물 : 대형바통
- 유의점
  1. 대형바통은 유아들이 뛰어넘을 때 다리가 걸려 넘어지지 않도록 천천히 굴린다.

19) 민속놀이

설날 민속놀이를 통하여 건강하고 활동적인 생활을 유도하며, 씨름 · 투호 · 닭싸움 · 윷놀이 · 제기차기 · 딱지치기 등을 놀이를 통하여 기초체력을 향상시킨다.

(1) 씨름

(2) 닭싸움

(3) 윷놀이

(4) 딱지치기

(1) 씨름

- 활동목표 : 우리나라 고유의 놀이인 "씨름" 놀이를 통하여 근력 및 집중력을 기른다.
- 활동유형 : 팀
- 연령 : 5, 6, 7세
- 도입 및 활동 방법

1. 게임을 할 수 있도록 팀(남, 여, 혼합)을 나눈다.
2. 넓은 공간에 매트를 설치하고 두 명의 유아가 올라온다.
3. 마주보며 엄마다리를 하고 앉는다.
4. 서로 옷의 옆구리를 잡고 신호와 함께 일어선다.
5. "시작" 신호와 함께 경기를 시작한다. 먼저 매트에 넘어지는 유아는 지게 된다.
6. 시범을 보여준다.

- 준비물 : 매트, 샅바
- 유의점

1. 씨름의 유래와 명칭, 방법 및 기술 등을 이야기 해 본다.
2. 씨름 방법 및 기술에 대한 충분한 설명을 한다.
3. 매트 밖으로 나가지 않게 주의한다.

(2) 닭싸움

⇨ 활동목표 : 우리나라 고유의 놀이인 "닭싸움" 놀이를 통하여 근력 및 집중력을 기른다.

⇨ 활동유형 : 팀

⇨ 연령 : 5, 6, 7세

⇨ 도입 및 활동 방법

1. 게임을 할 수 있도록 팀(남, 여, 혼합)을 나눈다.
2. 넓은 공간에 매트를 설치하고 두 명의 유아가 올라온다.
3. "준비" 신호와 함께 다리 한쪽을 잡고 대기 한다.
4. "시작" 신호와 함께 경기를 시작한다. 손을 발에서 놓거나 넘어지는 유아는 지게 된다.
5. 시범을 보여준다.

⇨ 준비물 : 매트

⇨ 유의점

1. 닭싸움의 유래와 명칭, 방법 및 기술 등을 이야기 해 본다.
2. 매트 밖으로 나가지 않도록 보조를 해준다.
3. 허리띠나 지퍼에 긁히지 않도록 복장은 운동복이 좋다.

(3) 윷놀이

- 활동목표 : 우리나라 고유의 놀이인 "윷놀이" 통하여 집중력 및 협동심을 기른다.
- 활동유형 : 팀
- 연령 : 5, 6, 7세
- 도입 및 활동 방법

1. 윷놀이의 유래와 명칭, 방법 및 기술 등을 이야기 해 본다.
2. 게임을 할 수 있도록 팀을 나눈다.
3. 윷판을 바닥에 놓고 팀을 나누어 둘러 앉는다.
4. 윷을 던져 나오는 수만큼 전진 하여 총 4개의 말이 먼저 도착하는 팀이 승리를 한다.
5. 각 팀당 한 명씩 차례대로 윷을 던진다.
6. 시범을 보여준다.

- 준비물 : 윷, 윷판, 말(바둑알, 동전 등)
- 유의점

1. 윷을 던지는 공간을 충분히 확보하여 다치지 않게 주의를 준다.

(4) 딱지치기

⇨ 활동목표 : 우리나라 고유의 놀이인 "딱지치기" 놀이를 통하여 근력 및 집중력을 기른다.

⇨ 활동유형 : 팀

⇨ 연령 : 5, 6, 7세

⇨ 도입 및 활동 방법

1. 게임을 할 수 있도록 팀(남, 여, 혼합)을 나눈다.
2. 딱지를 접는 방법 알려주며 같이 접어 본다.
3. 다 접은 딱지를 들고 나와 "가위, 바위, 보"를 통하여 이긴 사람부터 친다.
4. 딱지가 먼저 뒤집어 진 유아가 지게 된다.
5. 시범을 보여준다.

⇨ 준비물 : 딱지

⇨ 유의점

1. 딱지치기의 유래와 명칭, 방법 및 기술 등을 이야기 해 본다.
2. 딱지를 접는 방법 및 기술에 대한 충분한 설명을 한다.

3. 대도구 놀이

1) 매트놀이

전신운동으로서 다른 기구놀이에 비해 안전하여 철봉, 뜀틀, 평균대 및 기타 위험을 수반하는 기구놀이에도 사용 할 수 있으며 뛰고, 구르고 온몸을 회전함으로써 유연성, 평형성, 순발력, 민첩성 등의 기초체력을 발달 시켜주는 놀이입니다.

(1) 매트 위에서 기어가기	(11) 씨름하기
(2) 매트 위에서 무릎으로 기어가기	(12) 탱크 만들기
(3) 매트 가장자리 걷기	(13) 앞구르기(연속 앞구르기)
(4) 김밥놀이	(14) 비행기 만들어 앞구르기
(5) 햄버거 만들기	(15) 다리 벌려 앞구르기
(6) 매트 위에서 올라서기	(16) 앞구르기 후 점프(턴, 박수…)
(7) 벽 밀기	(17) 뒤구르기(다리 벌려 뒤구르기)
(8) 매트 넘어트리기	(18) 옆 돌기
(9) 매트 운반하기	(19) 벽 대고 물구나무서기
(10) 매트 뒤집기	

(1) 매트 위에서 기어가기

- 활동목표 : 전신 운동인 매트놀이를 통하여 유연성, 평형성 등의 기초 체력을 기른다.
- 연령 : 만 3, 4, 5세
- 도입 및 활동 방법
  1. 매트 한쪽 끝에서 양손, 양발을 동시에 이용하여 빠르게 이동(여러 가지 동물 흉내)해 본다.
- 준비물 : 매트 (2개)
- 유의점
  1. 너무 급하게 서둘러 손목이 꺾이지 않도록 주의한다.
  2. 정확한 동작을 이해시킨다.

(2) 매트 위에서 무릎으로 기어가기

◈ 활동목표 : 전신 운동인 매트놀이를 통하여 유연성, 민첩성, 평형성 등의 기초 체력을 기른다.

◈ 연령 : 만 3, 4, 5세

◈ 도입 및 활동 방법

1. 매트 한쪽 끝에서 무릎을 꿇고 손을 들어 빠르게 이동한다.

◈ 준비물 : 매트 (2개)

◈ 유의점

1. 손이 매트에 닿지 않도록 지도한다.
2. 허리가 곧게 펴지도록 지도한다.

(3) 매트 가장자리 걷기

- 활동목표 : 전신 운동인 매트놀이를 통하여 유연성, 평형성 등의 기초 체력을 기른다.
- 연령 : 만 3, 4, 5세
- 도입 및 활동 방법

1. 유아 1명씩 양팔을 옆으로 벌리고 중심을 잡아 가장자리로 걸어간다.
2. 여러 가지 동물흉내를 내며 걸어가 본다.

- 준비물 : 매트 (2개)
- 유의점

1. 천천히 정확한 동작을 지도한다.

(4) 김밥놀이

⇨ 활동목표 : 전신 운동인 매트놀이를 통하여 유연성, 평형성 등의 기초 체력을 기른다.

⇨ 연령 : 만 3, 4, 5세

⇨ 도입 및 활동 방법

1. 한 명씩 누워 손과 발을 곧게 펴고 옆 구르기를 한다.
2. 2명씩 서로 껴안고 옆 구르기를 한다.
3. 2명씩 반대로 겹쳐 엎드려서 발목 잡고 옆 구르기를 한다.
4. 2명씩 서로 머리를 맞대고 누워 양손을 잡고 옆 구르기를 한다.
5. 3명씩 껴안고 옆 구르기를 한다.
6. 2명이 차례로 길게 누워 아래쪽 유아가 위쪽 유아의 발목을 잡고 옆 구르기.

⇨ 준비물 : 매트 (2개)

⇨ 유의점

1. 손과 발을 펼 수 있도록 지도한다.
2. 껴안고 구를 때 풀어지지 않도록 지도한다.
3. 발이 상대의 얼굴에 부딪치지 않도록 지도한다.

②

③

④

(5) 햄버거 만들기

- 활동목표 : 전신 운동인 매트놀이를 통하여 유연성, 평형성 등의 기초 체력을 기른다.
- 연령 : 만 3, 4, 5세
- 도입 및 활동 방법
  1. 매트를 배열하고 그 위에 적당한 인원(4~8명)이 엎드린다. 그 위에 다시 매트를 덮는다.
  2. 한 명씩 차례로 매트 위를 여러 가지 형태로 지나간다.
- 준비물 : 매트 (2개)
- 유의점
  1. 매트 사이에 엎드린 유아들이 팔과 다리를 곧게 펴고 머리를 숙이도록 지도한다.
  2. 매트 위로 지나가는 유아는 뛰지 않도록 지도한다.

①

②

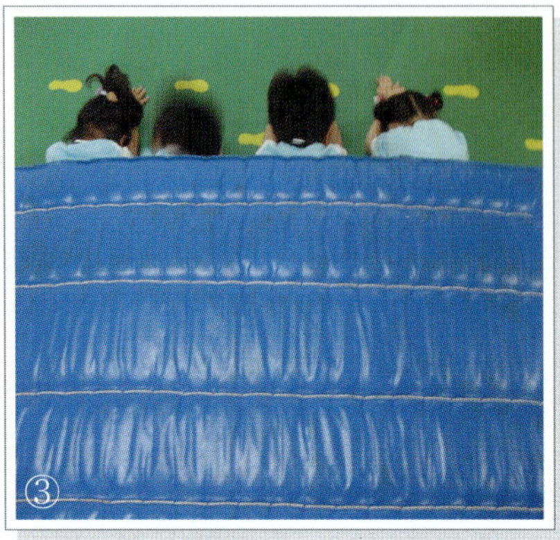
③

④

⑤

⑥

⑦

⑧

(6) 매트 위에서 올라서기

- 활동목표 : 전신 운동인 매트놀이를 통하여 민첩성, 순발력 등의 기초 체력을 기른다.
- 연령 : 만 3, 4, 5세
- 도입 및 활동 방법
  1. 매트 2개를 적당한 간격(5~6m)으로 배열한 후 양 팀으로 구분해 각각의 매트 위에 올라선 후 선생님의 신호에 따라 상대방 매트 위로 빨리 이동한다.
- 준비물 : 매트 (2개)
- 유의점
  1. 서로 부딪치지 않게 지도한다.
  2. 정확한 규칙과 질서를 이해시킨다.

①

②

③

(7) 벽 밀기

- 활동목표 : 전신 운동인 매트놀이를 통하여 유연성, 평형성, 근력 등의 기초 체력을 기른다.
- 연령 : 만 3, 4, 5세
- 도입 및 활동 방법
  1. 선생님이 매트 한 쪽 끝을 잡아 세운다.
  2. 매트 각 면에 유아 3~4명이 손을 매트에 짚고 선다.
  3. 신호에 맞춰 손으로 힘껏 매트를 민다.
  4. 신호에 맞춰 등으로 힘껏 매트를 민다.
- 보조법
  1. 매트가 넘어지지 않도록 보조한다.
- 준비물 : 매트 (2개)
- 유의점
  1. 원아들이 밀려 뒤로 넘어지지 않도록 지도한다.

(8) 매트 넘어뜨리기

- 활동목표 : 전신 운동인 매트놀이를 통하여 민첩성, 순발력, 근력 등의 체력을 기른다.
- 연령 : 만 3, 4, 5세
- 도입 및 활동 방법
  1. 한 장의 매트를 바닥에 배열하고 다른 한 장을 선생님이 세워 바친다.
  2. 유아는 힘껏 달려와 손으로 매트를 쓰러뜨린다.
  3. 3~5명의 유아가 힘껏 달려와 등으로 매트를 쓰러뜨린다.
- 준비물 : 매트 (2개)
- 유의점
  1. 달려온 유아가 튕겨 나가지 않도록 지도한다.
  2. 손가락이나 손목이 다치지 않도록 지도한다.
  3. 넘어질 때 혀를 물지 않도록 지도한다.

(9) 매트 운반하기

⇨ 활동목표 : 전신 운동인 매트놀이를 통하여 근력, 평형성, 민첩성 등의 기초 체력을 기른다.

⇨ 연령 : 만 3, 4, 5세

⇨ 도입 및 활동 방법

1. 양 팀으로 나누어 적당한 인원(4~8명)으로 매트를 들고 반환점을 돌아온다. (유아나 여러 가지 물체, 공, 블럭 등을 태워도 좋다)

⇨ 준비물 : 매트 (2개)

⇨ 유의점

1. 규칙과 질서에 대해 충분히 이해시킨다.

①

②

③

(10) 매트 뒤집기

⇨ 활동목표 : 전신 운동인 매트놀이를 통하여 근력, 민첩성 등의 기초 체력을 기른다.

⇨ 연령 : 만 3, 4, 5세

⇨ 도입 및 활동 방법

1. 양 팀으로 나누어 적당한 인원(4~8명)으로 매트를 뒤집으며 목표점을 왕복한다.

⇨ 준비물 : 매트 (2개)

⇨ 유의점

1. 규칙과 질서에 대해 충분히 이해시킨다.
2. 매트의 앞과 뒤, 윗면과 아랫면을 구분하여 이해시킨다.

(11) 씨름하기

- 활동목표 : 전신 운동인 매트놀이를 통하여 유연성, 근력, 순발력, 민첩성 등의 기초 체력을 기른다.
- 연령 : 만 3, 4, 5세
- 도입 및 활동 방법

1. 매트 위에서 여러 가지 신체 부위를 사용하여 매트 밖으로 밀어낸다.

- 준비물 : 매트 (2개)
- 유의점

1. 규칙과 질서에 대해 정확하게 이해시킨다.

(12) 탱크 만들기

- 활동목표 : 전신 운동인 매트놀이를 통하여 유연성, 평형성 등의 기초 체력을 기른다.
- 연령 : 만 3, 4, 5세
- 도입 및 활동 방법
  1. 매트의 끝을 연결한다.
  2. 유아는 매트 안으로 들어가 앞으로 갈 준비를 한다.
  3. 신호와 동시에 유아는 매트를 밀며 목표물까지 기어간다.
  (2인 1조로 짝을 맞춰 실시한다)
- 준비물 : 매트 (2개)
- 유의점
  1. 규칙과 질서에 대해 정확하게 이해시킨다.
  2. 유아의 안경이나 머리핀 등을 제거 후 실시한다.
  3. 매트 밖으로 나오지 않도록 지도한다.

(13) 앞구르기(연속 앞구르기)

- 활동목표 : 전신 운동인 매트놀이를 통하여 유연성, 평형성 등의 기초 체력을 기른다.
- 연령 : 만 3, 4, 5세
- 도입 및 활동 방법

1. 발끝에서 약 50 ~ 60cm 정도의 거리에 어깨 넓이로 두 손을 나란히 짚는다.
2. 엉덩이를 들고 고개를 숙여 몸을 둥글게 만든다.
3. 후두부 → 등 → 허리 → 엉덩이 순으로 매트에 닿게 해 구른다.
4. 구를 때 양손으로 무릎을 감싸 안는다.
5. 연속 앞구르기

- 준비물 : 매트 (2개)
- 유의점

1. 너무 과다한 보조를 삼가 한다.
2. 여자 유아들의 머리핀에 주의한다.
3. 반드시 무릎을 감싸 안도록 지도한다.
4. 반드시 마무리 동작을 확인 한다.
5. 눈을 감지 않도록 한다.
6. 뒤로 돌아서 마무리 동작을 취하도록 지도한다.

①

(14) 비행기 만들어 앞구르기

- 학습 목표 : 전신 운동인 매트놀이를 통하여 유연성, 평형성 등의 기초 체력을 기른다.
- 연령 : 만 3, 4, 5세
- 도입 및 활동 방법

1. 앞구르기 동작과 동일하나 손을 짚지 않고 팔을 옆으로 벌려서 구른다.

- 준비물 : 매트 (2개)
- 유의점

1. 너무 과다한 보조를 삼가 한다.
2. 여자 유아들의 머리핀에 주의한다.
3. 눈을 감지 않도록 한다.
4. 반드시 마무리 동작을 확인 한다.
5. 뒤로 돌아서 마무리 동작을 취할 수 있도록 지도한다.

①

②

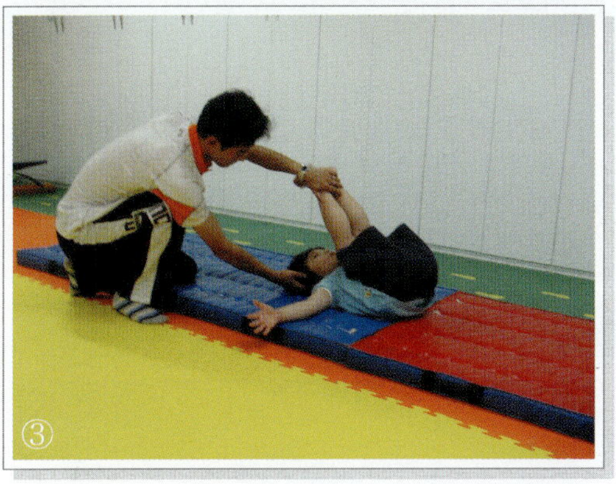
③

④

(15) 다리 벌려 앞구르기

⇨ 활동목표 : 전신 운동인 매트놀이를 통하여 유연성, 평형성 등의 기초 체력을 기른다.

⇨ 연령 : 만 3, 4, 5세

⇨ 도입 및 활동 방법

1. 앞구르기 동작과 동일하게 준비한다.
2. 구를 때 순간적으로 다리를 양 옆으로 벌린다.
3. 손은 벌린 다리 사이, 몸 가까이 짚어 일어나며, 앞으로 향하게 균형을 잡는다.

⇨ 보조법

1. 한 손으로 후두부 부분을 감싸 눌러주고 다른 한손은 엉덩이를 가볍게 밀어준다.
2. 후두부 감싼 손은 끝까지 따라간다.
3. 앞구르기 후 다리가 벌어진 상태에서 엉덩이를 받쳐 밀어준다.

⇨ 준비물 : 매트 (2개)

⇨ 유의점

1. 너무 과다한 보조를 삼가 한다.
2. 여자 유아들의 머리핀에 주의한다.
3. 무릎이 굽혀지지 않게 유도하고 턱을 가슴 쪽으로 당기게 지도한다.
4. 짚은 팔은 곧게 펴지도록 하여 끝까지 밀 수 있도록 지도한다.
5. 벌린 발 뒤꿈치가 닿지 않도록 지도한다.(엄지발가락이 바닥에 닿도록)
6. 반드시 마무리 동작을 확인 한다.
7. 뒤로 돌아서 마무리 동작을 취할 수 있도록 지도한다.

①

②

③

④

⑤

(16) 앞구르기 후 점프(턴, 박수…)

⇨ 활동목표 : 전신 운동인 매트놀이를 통하여 유연성, 평형성 등의 기초 체력을 기른다.

⇨ 연령 : 만 3, 4, 5세

⇨ 도입 및 활동 방법

1. 앞구르기와 동일하게 실시한 후 점프한다. (장애물 넘기)
2. 앞구르기와 동일하게 실시한 후 턴한다. (180도, 360도)
3. 앞구르기와 동일하게 실시한 후 박수친다.

⇨ 보조법

1. 한 손으로 후두부 부분을 감싸 눌러주고 다른 한 손은 유아의 배를 가볍게 받쳐 넘겨준다.
2. 후두부를 감싼 손은 끝까지 따라간다.

⇨ 준비물 : 매트 (2개)

⇨ 유의점

1. 너무 과다한 보조를 삼가 한다
2. 여자 유아들의 머리핀에 주의한다.
3. 반드시 무릎을 감싸 안도록 지도한다.
4. 눈을 감지 않도록 지도한다.
5. 반드시 마무리 동작을 확인한다.
6. 앞구르기와 그 후 동작이 자연스럽게 연결 되도록 지도한다.

①

②
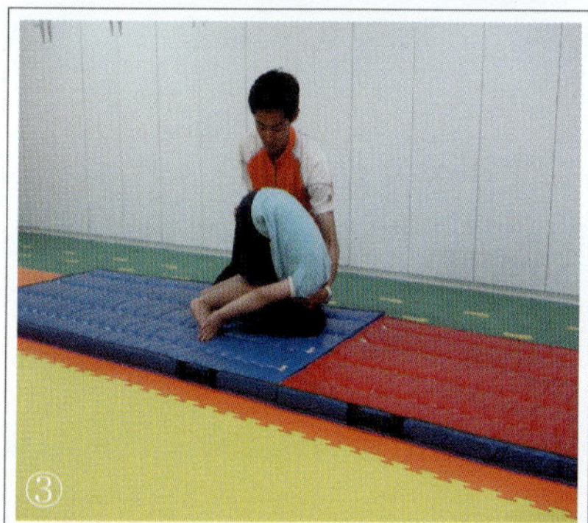
③

④

⑤

⑥

(17) 뒤구르기(다리 벌려 뒤구르기)

- 활동목표 : 전신 운동인 매트놀이를 통하여 유연성, 평형성 등의 기초 체력을 기른다.
- 연령 : 만 3, 4, 5세
- 도입 및 활동 방법
  1. 웅크려 앉아 손은 귀 가까이 붙이고 시선은 배꼽을 향한다.
  2. 앞구르기의 역순으로 엉덩이 → 허리 → 등 → 후두부가 차례로 닿게 구른다.
  3. 매트에 손바닥이 닿는 순간 힘차게 밀어준다.
  4. 실시 전 등을 대고 누워서 다리를 가슴에 붙이고 두 팔로 안아 앞, 뒤로 흔드는 동작을 반복 실시한다.
- 보조법
  1. 한손은 골반 위 부위를 받쳐 회전 후 끝까지 밀어주며 한손은 앞무릎을 살짝 뒤로 밀어준다.
- 준비물 : 매트 (2개)
- 유의점
  1. 턱을 당겨 머리가 바닥에 부딪치지 않게 한다.
  2. 손 짚는 방법을 충분히 이해시킨다.
  3. 최대한 움츠려 가슴과 허벅지를 밀착시키도록 한다.

①

②

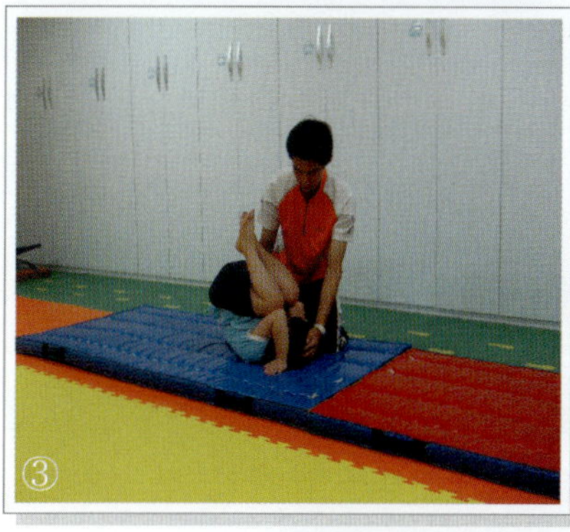
③

④

⑤

(18) 옆 돌기

- 활동목표 : 전신 운동인 매트놀이를 통하여 유연성, 평형성 등의 기초 체력을 기른다.
- 연령 : 만 3, 4, 5세
- 도입 및 활동 방법

1. 한 발을 들어 일직선상의 매트에 내 딛는다. (팔을 위로 들고, 몸을 내 딛는 방향으로 본다.)
2. 한 손은 먼저 다른 한 손은 나중에 짚는다. (손을 짚을 땐 뒷다리를 힘차게 찬다.)
3. 몸은 곧게 편다.
4. 손목과 어깨의 탄력을 이용하여 몸을 회전시킨다.

- 보조법

1. 유아 뒤 쪽에서 엇갈리게 위치하여 유아의 허리를 받쳐 잡고 진행 방향으로 천천히 회전시켜 물구나무 자세를 유지시키며 착지 할 수 있도록 보조한다.

- 준비물 : 매트 (2개)
- 유의점

1. 짚는 팔이 펴지도록 지도한다.
2. 일직선상에서 동작을 이루어지게 지도한다.
3. 물구나무서기 자세에서 머리를 들 수 있도록 지도한다.
4. 눈을 감지 않도록 지도한다.

①

②

③

④

(19) 벽대고 물구나무 서기

- 활동목표 : 전신 운동인 매트놀이를 통하여 유연성, 평형성 등의 기초 체력을 기른다.
- 연령 : 만 3, 4, 5세
- 도입 및 활동 방법

1. 매트를 벽 앞에 배열한다.
2. 매트 위에서 손가락 벌려 양 손을 어깨 넓이로 짚고 다리를 전, 후로 벌린 자세를 취한다.
3. 앞의 다리에 힘을 주어 구르고, 뒷다리는 후 상방으로 차올린 후 앞 다리와 붙여 벽에 기댄다.
4. 양 팔은 체중을 버티도록 몸의 균형을 잡고 몸은 수직이 되도록 한다.
5. 고개는 들고 시선은 양 손과 삼각형의 지점에 둔다.

- 보조법

1. 유아의 옆에서 차 올린 다리를 잡아 가볍게 들어 벽에 붙여 준다.

- 준비물 : 매트 (2개)
- 유의점

1. 손을 짚은 위치와 벽사이의 거리는 적당히 조절한다.
2. 팔이 펴지고 어깨로 버틸 수 있도록 지도한다.

2) 뜀틀놀이

뛰어 오르고 내리는 등의 다양하고 복합적인 움직임을 통해 성취감과 자신감을 길러주는 기구놀이로 뜀틀의 형태변화에 따른 여러 가지 움직임의 경험을 통해 유연성, 평형성 등의 기초체력을 바탕으로 한 조정력을 발달시켜주는 놀이입니다.

(1) 뜀틀 운반하기	(15) 공 받으며 뛰어 내리기
(2) 징검다리 건너기	(16) 공 헤딩하여 뛰어 내리기
(3) 지그재그 달리기	(17) 뛰어내려서 신문지 통과하기
(4) 도깨비 집 만들기	(18) 뛰어 내리며 구름판 구르기
(5) 보물 줍기	(19) 손 짚고 구름판 구르기(엉덩이 올리기)
(6) 뜀틀 위에 올라서기	(20) 뜀틀 말 타기(제자리 → 구름판 굴리기)
(7) 달려와서 모둠발로 굴려 올라서기	(21) 달려와서 구름판을 모둠발로 굴려 뜀틀 말 타기
(8) 흉내 내며 내리기	(22) 달려와서 구름판을 모둠발로 굴려 뜀틀 뛰어 넘기
(9) 균형 잡고 뛰어 내리기	(23) 손 짚고 다리 벌려 뛰어 넘기(가로, 세로)
(10) 뒤로 뛰어 내리기	(24) 뜀틀 옆으로 뛰어 넘기(제자리 → 구름판)
(11) 뛰어 내리며 회전하기	(25) 달려와서 모둠발로 구름판 굴려 뜀틀 옆으로 뛰어 넘기
(12) 손뼉 치며 뛰어내리기(제자리 → 구름판)	(26) 제자리에서 손 짚고 앞구르기
(13) 지정된 장소에 뛰어 내리기	(27) 달려와서 손 짚고 앞구르기
(14) 풍선 치고 뛰어 내리기	

(1) 뜀틀 운반하기

- 활동목표 : 뜀틀에 대한 친근감을 조성하여 자신감 및 민첩성 등의 기초체력을 기른다.
- 연령 : 만 4, 5세
- 도입 및 활동 방법
  1. 양 팀으로 나누어 2인 1조로 뜀틀을 들고 반환점을 돌아온다.(이어달리기)
  2. 연령별 뜀틀 개수 및 반환점의 거리를 조절한다.
- 준비물 : 뜀틀, 반환점.
- 유의점
  1. 넘어 지지 않도록 주의한다.
  2. 반환점을 돌 때 안쪽에서 바깥쪽으로 돌 수 있게 지도한다.

(2) 징검다리 건너기

- 활동목표 : 뜀틀에 대한 친근감을 조성하여 자신감 및 순발력, 평형성 등의 기초체력을 기른다.
- 연령 : 만 3, 4, 5세
- 도입 및 활동 방법

1. 뜀틀을 분리하여 징검다리를 만든다.
2. 모둠발로 뛰어 징검다리를 건너가서 뜀틀 위에 올라선다.
3. 유아 1명씩 실시한다.
4. 양 팀으로 나누어 게임을 실시한다.(징검다리 건너 뜀틀 위에 올라선 후 악수하고, 손잡고 뛰어 내린다.)
5. 연령별로 간격을 조절하여 실시한다.

- 준비물 : 뜀틀, 매트.
- 유의점

1. 게임 시 뜀틀 위에 올라설 때 부딪치지 않도록 주의한다.
2. 착지동작 후 뒤로 돌아서서 마무리 동작을 취할 수 있도록 지도한다.

①

②

③

④

(3) 지그재그 달리기

⇨ 활동목표 : 뜀틀기구에 대한 친근감을 조성하여 자신감 및 민첩성 등의 기초체력을 기른다.

⇨ 연령 : 만 3, 4, 5세

⇨ 도입 및 활동 방법

1. 뜀틀을 분리하여 유니바와 함께 징검다리를 만든다.
2. 양 팀으로 나누어 유니바와 뜀틀 사이사이를 지나가서 반환점을 돌아온다.
   예) 동물 흉내를 내며 뛰어 가거나 기어가기를 해 본다.

⇨ 준비물 : 뜀틀, 유니바, 반환점.

⇨ 유의점

1. 뜀틀에 부딪치지 않도록 주의한다.
2. 반환점을 돌 때 안쪽에서 바깥쪽으로 돌아 부딪치지 않도록 주의한다.

(4) 도개비 집 만들기

- 활동목표 : 뜀틀기구에 대한 친근감을 조성하여 자신감 및 민첩성, 순발력 등의 기초체력을 기른다.
- 연령 : 만 3, 4, 5세
- 도입 및 활동 방법
  1. 유니바로 징검다리를 만들고 그 뒤에 뜀틀을 둔다.
  2. 양 팀으로 나누어 뿅망치를 들고 유니바를 지나(뛰기, 지그재그 달리기) 뜀틀을 뿅망치로 치고 돌아온다.
- 준비물 : 뿅망치, 뜀틀, 유니바.
- 유의점
  1. 유니바에 부딪치지 않도록 주의한다.
  2. 규칙을 올바르게 이해시키고 확인한다.

(5) 보물 줍기

- 활동목표 : 뜀틀에 대한 친근감을 조성하여 자신감 및 민첩성, 순발력 등의 기초체력을 기른다.
- 연령 : 만 3, 4, 5세
- 도입 및 활동 방법
  1. 유니바로 징검다리를 만들고 그 뒤에 뜀틀을 놓는다.
  2. 유니바를 지나(뛰기, 지그재그 달리기)뜀틀 위에 배를 대고 엎드려 손을 뻗어 보물을 빨리 잡고 되돌아온다.
- 준비물 : 뜀틀, 매트, 유니바, 보물(ex : 사탕…).
- 유의점
  1. 뜀틀에 엎드렸을 때 앞으로 넘어지지 않도록 주의한다.
  2. 팔, 다리가 바닥에서 떨어지도록 지도한다.

(6) 뜀틀 위에 올라서기

➾ 활동목표 : 뜀틀기구에 대한 친근감을 조성하여 자신감 및 평형성, 순발력 등의 기초체력을 기른다.

➾ 연령 : 만 3, 4, 5세

➾ 도입 및 활동 방법

1. 뜀틀 위에 올라선다.
2. 달려와 모둠발로 뛰어 뜀틀 위에 올라선다.
3. 연령별로 높이를 조절한다.

➾ 준비물 : 매트, 뜀틀.

➾ 유의점

1. 모둠발로 점프 할 수 있도록 지도한다.
2. 정확한 착지를 지도한다.
3. 착지동작 후 뒤로 돌아서서 마무리 동작을 취할 수 있도록 지도한다.

(7) 달려와서 모둠발로 굴러 올라서기

- 활동목표 : 뜀틀기구에 대한 친근감을 조성하여 자신감 및 평형성, 순발력 등의 기초체력을 기른다.
- 연령 : 만 3, 4, 5세
- 도입 및 활동 방법
  1. 거리를 두고 구름판, 뜀틀, 매트 순으로 놓아둔다.
  2. 달려와서 모둠발로 구름판을 굴러 뜀틀 위에 올라선다.
  3. 연령별로 구름판과 뜀틀 사이의 거리 및 뜀틀 높이를 조절한다.
- 준비물 : 구름판, 뜀틀, 매트
- 유의점
  1. 구름판에 발 딛는 위치를 정확하게 표시한다.
  2. 모둠발로 구름판을 굴릴 수 있도록 지도한다.
  3. 착지동작 후 뒤로 돌아서서 마무리 동작을 취할 수 있도록 지도한다.

①

②

③

(8) 흉내 내며 뛰어 내리기

⇨ 활동목표 : 뜀틀기구에 대한 친근감을 조성하여 자신감 및 평형성 등의 기초체력을 기른다.

⇨ 연령 : 만 3, 4, 5세

⇨ 도입 및 활동 방법

1. 뜀틀 위에 올라선다.
2. 뜀틀 위에서 동물 흉내를 내며 뛰어 내린다.

⇨ 준비물 : 뜀틀, 매트.

⇨ 유의점

1. 정확한 착지 동작을 이해시킨다.
2. 착지동작 후 뒤로 돌아서서 마무리 동작을 취할 수 있도록 지도한다.

(9) 균형 잡고 뛰어 내리기

- 활동목표 : 뜀틀기구에 대한 친근감을 조성하여 자신감 및 평형성 등의 기초체력을 기른다.
- 연령 : 만 3, 4, 5세
- 도입 및 활동 방법
  1. 뜀틀 위에 올라선다.
  2. 뜀틀 위에서 균형을 잡는다.(비행기, Y자, 허수아비)
- 준비물 : 뜀틀, 매트
- 유의점
  1. 정확한 착지 동작을 이해시킨다.
  2. 뜀틀 위에서 균형동작 시 넘어지지 않도록 지도한다.

(10) 뒤로 뛰어 내리기

- 활동목표 : 뜀틀기구에 대한 친근감을 조성하여 자신감을 기른다.
- 연령 : 만 3, 4, 5세
- 도입 및 활동 방법

1. 뜀틀 위에 올라선다.
2. 뜀틀 위에서 뒤로 돌아선 후 모둠발로 뒤로 뛰어 내린다.

- 보조법

1. 착지 시 앞으로 넘어지지 않도록 가슴에 손을 대고 받쳐준다.

- 준비물 : 뜀틀, 매트
- 유의점

1. 착지 시 정확한 착지 동작을 이해시킨다.
2. 뜀틀이 밀리지 않도록 주의한다.

(11) 뛰어 내리며 회전하기

- 활동목표 : 뜀틀기구에 대한 친근감을 조성하여 자신감 및 평형성 등의 기초체력을 기른다.
- 연령 : 만 5세
- 도입 및 활동 방법
  1. 뜀틀 위에 올라선다.
  2. 뜀틀 위에서 회전하며 뛰어내린다.(180°, 360°)
- 준비물 : 뜀틀, 매트.
- 유의점
  1. 정확한 착지 동작을 이해시킨다.
  2. 착지동작 후 뒤로 돌아서서 마무리 동작을 취할 수 있도록 지도한다.

(12) 손뼉 치며 뛰어 내리기(발바닥, 손바닥)

- 활동목표 : 뜀틀기구에 대한 친근감을 조성하여 자신감 및 평형성, 민첩성 등의 기초체력을 기른다.
- 연령 : 만 3, 4, 5세
- 도입 및 활동 방법
  1. 뜀틀 위에 올라선다.
  2. 뜀틀 위에서 뛰어 내리며 박수를 친다.(손, 발)
- 준비물 : 매트, 뜀틀.
- 유의점
  1. 정확한 착지를 지도한다.
  2. 착지동작 후 뒤로 돌아서서 마무리 동작을 취할 수 있도록 지도한다.

(13) 지정된 장소에 뛰어 내리기

⇨ 활동목표 : 뜀틀에 대한 친근감을 조성하여 자신감 및 평형성, 협응력 등의 기초체력을 기른다.

⇨ 연령 : 만 3, 4, 5세

⇨ 도입 및 활동 방법

1. 뜀틀 위에 올라선다.
2. 뜀틀 위에서 지정된 장소에 뛰어 내린다.(장판, 신문지)

⇨ 준비물 : 뜀틀, 매트, 장판.

⇨ 유의점

1. 정확한 착지 동작을 이해시킨다.

(14) 풍선 치고 뛰어 내리기

⇨ 활동목표 : 뜀틀에 대한 친근감을 조성하여 자신감 및 협응력, 순발력, 평형성 등의 기초체력을 기른다.

⇨ 연령 : 만 3, 4, 5세

⇨ 도입 및 활동 방법

1. 뜀틀 위에 올라선다.
2 .뜀틀 위에서 뛰어내리며 탬버린(공, 풍선, 손바닥)을 치면서 착지한다.

⇨ 준비물 : 뜀틀, 매트, 탬버린, 풍선, 공.

⇨ 유의점

1. 정확한 착지 동작을 이해시킨다.
2. 착지동작 후 뒤로 돌아서서 마무리 동작을 취할 수 있도록 지도한다.

①

②

③

(15) 공 받으며 뛰어 내리기

⇨ 활동목표 : 뜀틀에 대한 친근감을 조성하여 자신감 및 협응력, 순발력, 평형성 등의 기초체력을 기른다.

⇨ 연령 : 만 4, 5세

⇨ 도입 및 활동 방법

1. 뜀틀 위에 올라선다.
2. 뜀틀 위에서 뛰어 내리며 선생님이 던져주는 공을 받고 착지한다.

⇨ 준비물 : 뜀틀, 매트, 공.

⇨ 유의점

1. 정확한 착지 동작을 이해시킨다.

(16) 공 헤딩하며 뛰어 내리기

- 활동목표 : 뜀틀에 대한 친근감을 조성하여 자신감 및 협응력, 순발력, 평형성 등의 기초체력을 기른다.
- 연령 : 만 4, 5세
- 도입 및 활동 방법

  1. 뜀틀 위에 올라선다.
  2. 뜀틀 위에서 뛰어 내리며 선생님이 던져주는 공을 헤딩하고 착지한다.

- 준비물 : 뜀틀, 매트, 공.
- 유의점

  1. 정확한 착지 동작을 이해시킨다.

(17) 뛰어 내려서 신문지 통과하기

⇨ 활동목표 : 뜀틀에 대한 친근감을 조성하여 자신감 및 협응력, 순발력, 평형성 등의 기초체력을 기른다.

⇨ 연령 : 만 4, 5세

⇨ 도입 및 활동 방법

1. 뜀틀 위에 올라선다.
2. 뜀틀 위에서 뛰어내리며 신문지를 뚫고 지나간다.(각 신체부위)
3. 뜀틀 위에서 신문지 위로 정확하게 뛰어 내린다.

⇨ 준비물 : 뜀틀, 매트, 신문지.

⇨ 유의점

1. 정확한 착지를 지도한다.
2. 뜀틀이 뒤로 밀리지 않도록 주의한다.

①

②

③

(18) 뛰어 내리며 구름판 구르기

⇨ 활동목표 : 뜀틀에 대한 친근감을 조성하여 자신감 및 평형성 등의 기초체력을 기른다.

⇨ 연령 : 만 3, 4, 5세

⇨ 도입 및 활동 방법

1. 뜀틀 위에 올라선다.
2. 뜀틀 위에서 뛰어 내리며 모둠발로 정확하게 구름판을 굴려서 앞으로 뛴다.

⇨ 보조법

1. 유아 뒤에 서서 양쪽 겨드랑이 밑을 잡고 보조한다.
2. 구름판 옆에 서서 한 손으로 유아의 손을 잡아주고 한 손으로 엉덩이 밑을 받쳐준다.

⇨ 준비물 : 구름판, 매트, 뜀틀.

⇨ 유의점

1. 뜀틀이 뒤로 밀리지 않도록 주의한다.
2. 구름판을 모둠발로 정확히 굴릴 수 있도록 지도한다.
3. 정확한 착지를 지도한다.
4. 착지동작 후 뒤로 돌아서서 마무리 동작을 취할 수 있도록 지도한다.

②

③

④

⑤

(19) 손 짚고 구름판 굴리기(엉덩이 올리기)

⇨ 활동목표 : 뜀틀에 대한 친근감을 조성하여 자신감 및 평형성, 순발력 등의 기초체력을 기른다.

⇨ 연령 : 만 4, 5세

⇨ 도입 및 활동 방법

1. 구름판 위에 올라서서 양손은 나란히 뜀틀을 짚는다.
2. 모둠발로 구름판을 힘껏 굴려서 엉덩이가 어깨보다 위로 올라가게 한다.
3. 연령별로 뜀틀 높이를 조절한다.

⇨ 보조법

1. 뜀틀 옆에 서서 한 손으로 어깨를 받쳐주고 다른 한 손은 엉덩이가 충분히 올라올 수 있게 목표점을 잡아 준다.
2. 뜀틀 옆에 서서 한 손으로 어깨를 받쳐주고 다른 한 손은 엉덩이가 충분히 올라올 수 있게 복부를 받쳐 들어준다.

⇨ 준비물 : 뜀틀, 매트, 구름판

⇨ 유의점

1. 짚는 팔이 굽혀지지 않도록 지도한다.
2. 머리를 들어 시선을 앞으로 유지 할 수 있도록 지도한다.

(20) 뜀틀 말타기(제자리 → 구름판 굴려)

⇨ 활동목표 : 뜀틀에 대한 친근감을 조성하여 자신감 및 평형성, 유연성, 순발력 등의 기초체력을 기른다.

⇨ 연령 : 만 3, 4, 5세

⇨ 도입 및 활동 방법

1. 구름판, 뜀틀, 매트 순으로 배열한다.
2. 유아는 구름판 위로 올라선다.
3. 모둠발로 구름판을 굴려 다리를 벌리고 양 손은 멀리 짚어 뜀틀 위에 앉는다.(연령별 높이 조절)

⇨ 보조법

1. 구름판을 굴린 유아의 가슴에 한 손을 대고 다른 한 손은 허벅지와 엉덩이 사이부분에 손을 받쳐 살짝 밀어준다.

⇨ 준비물 : 뜀틀, 매트, 구름판

⇨ 유의점

1. 양 손을 뜀틀의 먼 쪽 가장자리에 짚도록 지도한다.
2. 손목이 접히지 않도록 지도한다.

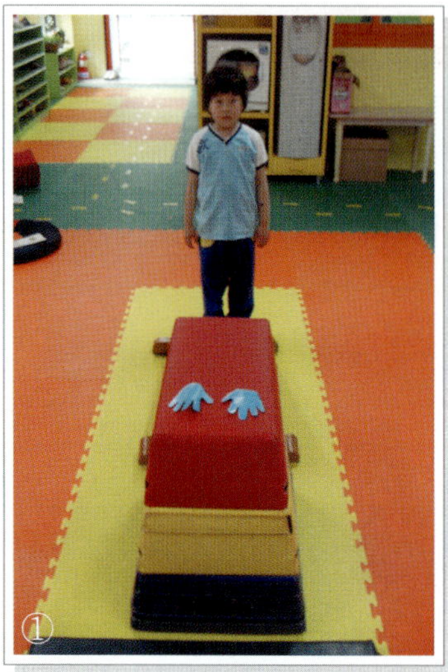
①
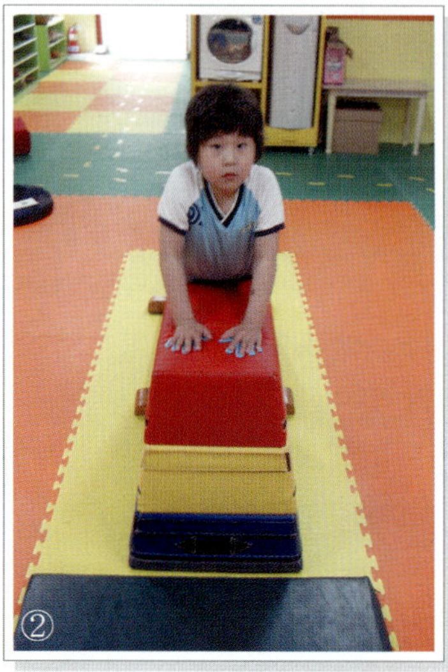
②
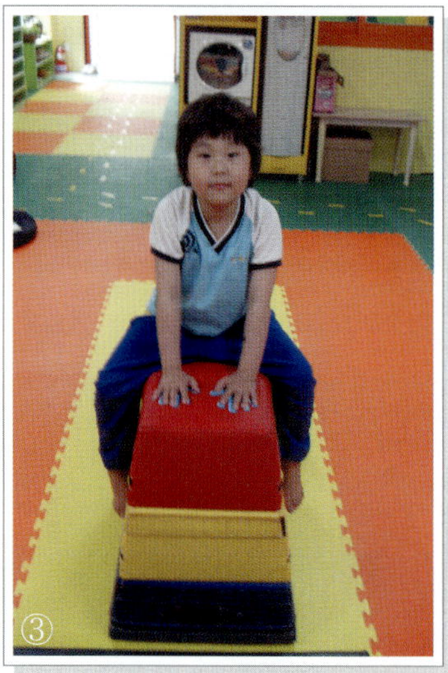
③

④

(21) 달려와서 구름판을 모둠발로 굴려 뜀틀 말 타기

- 활동목표 : 뜀틀에 대한 친근감을 조성하여 자신감 및 평형성, 유연성, 순발력 등의 기초체력을 기른다.
- 연령 : 만 4, 5세
- 도입 및 활동 방법
  1. 거리를 두고 구름판, 뜀틀, 매트 순으로 배열한다.
  2. 달려가 모둠발로 구름판을 굴려 뜀틀 위에 손을 짚고 두 다리를 벌려 뜀틀 위에 앉는다.
  3. 연령별로 구름판과 뜀틀 사이의 거리와 높이를 조절한다.
- 보조법
  1. 구름판을 굴린 유아의 가슴에 한 손을 대고 다른 한 손은 허벅지와 엉덩이 사이부분에 손을 받쳐 살짝 밀어준다.
- 준비물 : 뜀틀, 매트, 구름판
- 유의점
  1. 양 손을 뜀틀 먼 쪽 가장자리에 짚도록 지도한다.
  2. 손목이 접히지 않도록 지도한다.

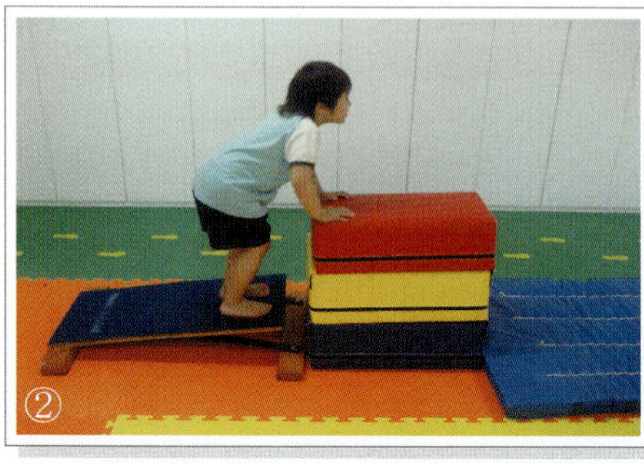
②

③

④

⑤

(22) 달려와서 구름판을 모둠발로 굴려 뜀틀 뛰어 넘기

- 활동목표 : 뜀틀에 대한 친근감을 조성하여 자신감 및 평형성, 유연성, 순발력 등의 기초체력을 기른다.
- 연령 : 만 4세, 5세
- 도입 및 활동 방법

1. 거리를 두고 구름판, 뜀틀, 매트 순으로 기구를 놓아둔다.
2. 달려와 모둠발로 구름판을 굴려 다리를 벌리고 뜀틀을 뛰어 넘어 착지한다.

- 보조법

1. 뜀틀을 뛰어 넘을 때 허벅지를 손으로 받쳐 밀어주고 다른 한 손은 가슴을 받쳐준다.

- 준비물 : 뜀틀, 매트, 구름판.
- 유의점

1. 모둠발로 구름판을 정확하게 굴릴 수 있도록 지도한다.
2. 정확한 착지 동작을 이해시킨다.
3. 착지동작 후 뒤로 돌아서서 마무리 동작을 취할 수 있도록 지도한다.

②

③

(23) 손 짚고 다리 벌려 뜀틀 뛰어 넘기(가로, 세로)

➾ 활동목표 : 뜀틀에 대한 친근감을 조성하여 자신감 및 평형성, 유연성, 순발력 등의 기초체력을 기른다.

➾ 연령 : 만 3, 4, 5세

➾ 도입 및 활동 방법

1. 도움 닫는 거리를 두고 구름판, 뜀틀, 매트 순으로 배열한다. (구름판과 뜀틀 거리 조정)
2. 달려가 모둠발로 구름판을 굴린 후 양손을 곧게 펴서 뜀틀 끝(1/3) 지점을 짚고 다리를 벌려 넘는다.

➾ 보조법

1. 뜀틀 옆에 서서 한 손은 어깨를 잡아주고 한 손은 둔부를 밀어준다.

➾ 준비물 : 뜀틀, 매트, 구름판

➾ 유의점

1. 짚는 팔이 굽혀지지 않도록 지도한다.
2. 정확한 착지 동작을 이해시킨다.
3. 손목이 접히지 않도록 하여 정확하게 짚을 수 있도록 지도한다.
4. 착지 동작 후 뒤로 돌아서 마무리 동작을 취할 수 있도록 지도한다.

①

(24) 뜀틀 옆으로 넘기(제자리 → 구름판)

- 활동목표 : 뜀틀에 대한 친근감을 조성하여 자신감 및 평형성, 순발력 등의 기초체력을 기른다.
- 연령 : 만 3, 4, 5세
- 도입 및 활동 방법

1. 구름판, 뜀틀, 매트 순으로 놓아둔다.
2. 구름판 위에 올라선다.
3. 양 손을 옆으로 나란히 짚고 모둠발로 구름판을 굴려 엉덩이를 높이 들어 옆으로 뛰어 넘는다.
4. 연령별로 뜀틀 높이를 조절한다.

- 보조법

1. 뜀틀 옆에 서서 유아의 골반을 양 손으로 받쳐서 넘겨준다.

- 준비물 : 뜀틀, 매트, 구름판.
- 유의점

1. 유아의 양발이 모아지도록 지도한다.
2. 무릎을 가슴 쪽으로 당기도록 지도한다.
3. 뜀틀을 짚은 양팔이 펴지도록 지도한다.

①

②

③

④

(25) 달려와서 모둠발로 구름판 굴려 뜀틀 옆으로 넘기

- 활동목표 : 뜀틀에 대한 친근감을 조성하여 자신감 및 평형성, 순발력 등의 기초체력을 기른다.
- 연령 : 만 4, 5세
- 도입 및 활동 방법

1. 거리를 두고 구름판, 뜀틀, 매트 순으로 놓아둔다.
2. 달려와서 모둠발로 구름판을 굴려 양 손은 뜀틀을 짚고 옆으로 뛰어 넘는다.
3. 연령별로 뜀틀과 구름판 사이의 간격을 조절하고 뜀틀 높이를 조절한다.

- 보조법

1. 뜀틀 옆에 서서 유아의 골반을 양 손으로 받쳐서 넘겨준다.

- 준비물 : 뜀틀, 매트, 구름판.
- 유의점

1. 구름판이 밀리지 않도록 주의한다.
2. 무릎을 가슴 쪽으로 당기도록 지도한다.
3. 뜀틀을 짚은 양 팔을 펼 수 있게 지도한다.
4. 양 발이 모아지도록 지도한다.
5. 구름판을 정확하게 굴릴 수 있도록 이해시킨다.

①

②

③

④

⑤

(26) 제자리에서 손 짚고 앞구르기

➾ 활동목표 : 뜀틀에 대한 친근감을 조성하여 자신감 및 평형성, 유연성, 순발력 등의 기초체력을 기른다.

➾ 연령 : 만 3, 4, 5세

➾ 도입 및 활동 방법

1. 구름판, 뜀틀, 매트 순으로 배열한다.
2. 구름판 위에 올라서서 뜀틀 위에 양 손을 짚고 모둠발로 구름판을 굴려 엉덩이를 높이 올리며 머리를 숙여 뜀틀 위에서 앞구르기를 한 후 착지한다.
3. 연령별로 뜀틀 높이와 구름판 거리 조절한다.

➾ 보조법

1. 한 손으로 머리 뒤 꼭지 부분(후두부)을 감싸 숙여주고 한 손은 대퇴 뒷부분을 들어 올려 감싸 밀어준다.

➾ 준비물 : 뜀틀, 매트, 구름판

➾ 유의점

1. 머리를 보조한 손은 끝까지 따라간다.
2. 점프가 위로 될 수 있도록 지도한다.
3. 정확한 앞구르기 자세를 이해시킨다.
4. 착지 동작 후 뒤로 돌아서 마무리 동작을 취할 수 있도록 지도한다.

①
②
③
④
⑤

(27) 달려와서 손 짚고 앞구르기

⇒ 활동목표 : 뜀틀에 대한 친근감을 조성하여 자신감 및 평형성, 유연성, 순발력 등의 기초체력을 기른다.

⇒ 연령 : 만 3, 4, 5세

⇒ 도입 및 활동 방법

1. 도움 닿는 거리를 두고 구름판, 뜀틀, 매트 순으로 배열한다.
2. 힘껏 달려와서 모둠발로 구름판을 굴려서 뜀틀 위에 양 손을 짚고 엉덩이를 높이 올리며 머리를 숙여 뜀틀 위에서 앞구르기를 한 후 착지한다.
3. 연령별로 뜀틀 높이와 구름판 거리 조절한다.

⇒ 보조법

1. 한 손으로 미리 뒤 꼭지 부분을 감싸 숙여주고 한 손은 대퇴 뒷부분을 들어 올려 감싸 밀어준다.

⇒ 준비물 : 뜀틀, 매트, 구름판

⇒ 유의점

1. 머리를 보조한 손은 끝까지 따라간다.
2. 점프가 위로 될 수 있도록 지도한다.
3. 정확한 앞구르기 자세를 이해시킨다.
4. 착지 동작 후 뒤로 돌아서 마무리 동작을 취할 수 있도록 지도한다.

①

②

③

④

⑤

⑥

3) 평균대 놀이

평균대 위에서 몸의 균형을 잡는 다양한 동작을 통해 바른 자세형성 및 미적표현 능력을 길러주며, 잠재된 두려움을 극복하는데서 오는 자신감과 성취감을 경험할 수 있다. 평형성과 같은 기초체력향상에 도움이 되는 놀이 이다.

(1) 평균대 밑으로 기기	(18) 장애물 건너 걷기
(2) 평균대 밟고 건너가기(왕복)	(19) 방향 전환하며 걷기
(3) 평균대 동굴 통과하기	(20) 눈 감고 걷기(전, 후, 좌, 우)
(4) 평균대 시이소 타기(비행기 타기)	(21) 수평잡기
(5) 굴러서 산 넘기	(22) 장애물 들고 걷기
(6) 허리재기(김밥놀이)	(23) 장애물 집어 들고 걷기
(7) 사다리 걷기, 뛰기	(24) 오작교 걷기
(8) 평균대 뛰어 넘기	(25) 시이소 걷기
(9) 평균대 손 짚고 좌우 뛰기	(26) 산 오르기
(10) 평균대 하버드 스텝	(27) 엉덩이 씨름
(11) 산 넘고 동굴 통과	(28) 평균대 줄 씨름
(12) 썰매타기	(29) 가위 뛰기
(13) 평균대 미끄럼틀 타기	(30) 앉아서 걷기(오리걸음, 바른 자세, 공 굴리기)
(14) 편히 걷기(뒤, 옆)	(31) 꽃게 기기(앞, 뒤)
(15) 옆으로 걷기	(32) 오래 버티기
(16) 앞으로 걷기	(33) 엎드려 기기
(17) 뒤로 걷기	(34) 평균대 위에서 앞구르기

(1) 평균대 밑으로 기기

⇨ 활동목표 : 평균대를 이용하여 미적 표현능력을 길러 주며 협응력과 민첩성 등의 기초체력을 기른다.

⇨ 연령 : 만 3, 4, 5세

⇨ 도입 및 활동 방법

1. 평균대 2개를 길게 붙여 둔다.
2. 양 팀으로 나누어 평균대 좌우에 정렬한다.
3. 한 팀씩 밑으로 기어가서 배꼽을 찌르고 돌아온다.

⇨ 준비물 : 평균대

⇨ 유의점 : 평균대에 머리나 등이 부딪치지 않게 한다.

(2) 평균대 밟고 건너가기(왕복)

- 활동목표 : 평균대를 이용하여 미적 표현능력과 자신감 및 평형성, 협응력 등의 기초체력을 기른다.
- 연령 : 만 3, 4, 5세
- 도입 및 활동 방법
  1. 평균대 2개를 길게 붙여 놓는다.
  2. 적당한 인원(10~15명)을 평균대 앞에 정렬시킨다.
  3. 평균대를 밟고 넘어간다.(왕복)
  4. 한 명씩 출발해서 전진하며 평균대를 밟고 넘어간다.
- 준비물 : 평균대
- 유의점
  1. 정확한 동작을 이해시킨다.
  2. 평균대에 걸려 넘어지지 않도록 주의한다.

①

②

③

(3) 평균대 동굴 통과하기

- 활동목표 : 평균대를 이용하여 미적 표현능력과 자신감 및 근력, 민첩성, 평형성 등의 기초체력을 기른다.
- 연령 : 만 3, 4, 5세
- 도입 및 활동 방법
  1. 평균대 2개를 나란히 놓는다.(거리 조절)
  2. 평균대 위에 적당한 인원(10명)을 엎드려 버티게 한다.
  3. 그 외 유아들이 그 밑으로 기어서 지나간다.(교대 실시)
- 준비물 : 평균대
- 유의점
  1. 엎드려 있는 유아들이 버틸 수 있는 시간을 적당히 조절한다.
  2. 엎드려 있는 유아들이 장난치지 않도록 한다.
  3. 유아들이 엎드릴 때 발등이 닿지 않도록 한다.
  4. 지나가는 유아들이 중간에 일어서지 않도록 한다.

(4) 평균대 시이소 타기(비행기 타기)

⇨ 활동목표 : 평균대를 이용하여 미적 표현능력과 자신감 및 평형성 등의 기초체력을 기른다.

⇨ 연령 : 만 3, 4, 5세

⇨ 도입 및 활동 방법

1. 평균대를 교차시켜(열십자)둔다.
2. 위쪽에 올려 진 평균대 양 끝에 유아를 앉힌다.
3. 선생님이 가운데에서 아래위로 움직여 준다.
4. 선생님이 가운데에서 좌우로 움직여 준다.(비행기 타기)

⇨ 준비물 : 평균대

⇨ 유의점

1. 평균대 위에서 장난치지 않도록 지도한다.

(5) 굴러서 산 넘기

⇨ 활동목표 : 평균대를 이용하여 미적 표현능력과 자신감 및 평형성, 유연성 등의 기초체력을 기른다.

⇨ 연령 : 만 3, 4, 5세

⇨ 도입 및 활동 방법

1. 평균대 2개를 나란히 놓고 그 위에 매트를 얹는다.
2. 한 명씩 누워서 굴러 평균대를 넘어간다.

⇨ 보조법

1. 평균대를 넘어갈 때 손으로 살짝 밀어준다.

⇨ 준비물 : 평균대, 매트

⇨ 유의점

1. 팔과 다리가 펴지도록 지도한다. (손은 머리 위로 편 상태 유지)

(6) 허리 재기(김밥 놀이)

➾ 활동목표 : 평균대를 이용하여 미적 표현능력과 자신감 및 평형성, 유연성 등의 기초체력을 기른다.

➾ 연령 : 만 3, 4, 5세

➾ 도입 및 활동 방법

1. 평균대 2개를 길게 붙여 놓고 그 위에 매트를 얹는다.
2. 평균대와 수직으로 엎드린 다음 옆으로 회전하면서 전진한다.
3. 마무리 동작 시 뒤구르기 실시한다.

➾ 보조법

1. 허리가 굽혀지는 유아들은 허리에 손을 받쳐 넘겨준다.

➾ 준비물 : 평균대, 매트

➾ 유의점

1. 정확한 허리재기 자세를 이해시킨다.
2. 뒤구르기 시 정확한 손의 위치를 이해시킨다.

①

②

③

(7) 사다리 걷기, 뛰기

- 활동목표 : 평균대를 이용하여 미적 표현능력과 자신감 및 순발력, 평형성 등의 기초체력을 기른다.
- 연령 : 만 3, 4, 5세
- 도입 및 활동 방법

  1. 평균대 2개를 나란히 놓고 평균대 위에 유니바를 간격을 두고 걸쳐 놓는다.
  2. 유니바 사이로 걷거나 뛰어넘는다.(모둠발)

- 보조법

  1. 옆에서 넘어지지 않도록 보조한다.

- 준비물 : 유니바, 평균대
- 유의점

  1. 유니바 간격 조절에 유의한다.

(8) 평균대 뛰어넘기

⇨ 활동목표 : 평균대를 이용하여 미적 표현능력과 자신감 및 평형성, 순발력, 민첩성 등의 기초체력을 기른다.

⇨ 연령 : 만 3, 4, 5세

⇨ 도입 및 활동 방법

1. 평균대 2개를 길게 붙여 놓는다.
2. 적당한 인원을(10~15명)정렬시킨다.
3. 평균대를 밟지 않고 모둠발로 뛰어넘는다.(왕복)
4. 한 명씩 평균대를 밟지 않고 모둠발로 뛰어 넘으며 전진한다.

⇨ 준비물 : 평균대

⇨ 유의점

1. 평균대에 걸려 넘어지지 않도록 주의한다.

(9) 평균대 손 짚고 좌우 뛰기

⇨ 활동목표 : 평균대를 이용하여 미적 표현능력과 자신감 및 평형성, 민첩성, 협응력 등의 기초체력을 기른다.

⇨ 연령 : 만 4, 5세

⇨ 도입 및 활동 방법

1. 평균대 2개를 길게 붙여 둔다.
2. 한 쪽에 서서 양 손 엄지를 부쳐 나비 모양을 만든 후 평균대 윗부분에 놓는다.
3. 모둠발로 무릎을 굽혀 손을 붙인 채로 반대편으로 뛰어넘는다.
   (2-3번 반복)

⇨ 보조법

1. 유아 옆에 서서 대퇴 뒷부분(엉덩이 아래쪽)을 받쳐들어 넘겨준다.
2. 유아 옆에 서서 장골 부위를 받쳐 들어준다.
3. 골반 부위를 양 손으로 잡아들어 넘겨준다.

⇨ 준비물 : 평균대

⇨ 유의점

1. 짚은 팔이 펴지도록 지도한다.
2. 모둠발로 점프할 수 있도록 지도한다.
3. 구령을 붙여 가며 실시하면 더 좋은 효과를 기대할 수 있다.

(10) 평균대 하버드 스텝

- 활동 목표 : 평균대를 이용하여 미적 표현능력과 자신감 및 민첩성, 협응력 등의 기초체력을 기른다.
- 연령 : 만 3, 4, 5세
- 도입 및 활동 방법
  1. 평균대 2개를 길게 붙여 둔다.
  2. 10~15명 정도 평균대 앞에 선다.
  3. 양 발은 차례대로 서로 교차하면서 올라서고 내려오기를 반복한다. (전, 좌, 우)
  4. 양 발을 서로 교차하면서 한 발씩 평균대 위에 올린다. 반복.
- 준비물 : 평균대
- 유의점
  1. 정확한 동작을 이해시킨다.
  2. 적당한 구호나 구령을 붙여 준다.
  3. 시선을 발끝에 주도록 지도한다.

(11) 산 넘고 동굴 통과하기

- 활동목표 : 평균대를 이용하여 미적 표현능력과 자신감 및 민첩성, 순발력 등의 기초체력을 기른다.
- 연령 : 만 3, 4, 5세
- 도입 및 활동 방법
  1. 평균대 2개를 길게 붙여 둔다.
  2. 적당한 인원(8-10명)을 평균대 앞에 정렬시킨다.
  3. 위로 뛰어넘기와 밑으로 통과하기를 차례로 반복한다.
- 준비물 : 평균대
- 유의점
  1. 평균대 높이를 조절하여 머리와 등 부위가 부딪치지 않게 지도한다.
  2. 뛰어넘을 때 걸려 넘어지지 않게 주의한다.

(12) 썰매타기

- 활동목표 : 평균대를 이용하여 미적 표현능력과 자신감 및 평형성, 근력 등의 기초체력을 기른다.
- 연령 : 만 3, 4, 5세
- 도입 및 활동 방법

1. 평균대 2개를 나란히 둔다.
2. 한 명씩 양 다리를 벌려 걸터앉는다.
3. 손으로 밀어 앞으로 전진 한다.
4. 손으로 당겨 앞으로 전진 한다.
5. 뒤로 앉아 손으로 밀어 앞으로 전진 한다.
6. 뒤로 앉아 손으로 당겨 앞으로 전진 한다.

- 준비물 : 평균대
- 유의점

1. 평균대 윗면이 고른지 반드시 확인한다.
2. 다리가 바닥에 닿지 않게 한다.

(13) 평균대 미끄럼틀 타기

➾ 활동목표 : 평균대를 이용하여 미적 표현능력과 자신감 및 평형성, 유연성 등의 기초체력을 기른다.

➾ 연령 : 만 3, 4, 5세

➾ 도입 및 활동 방법

1. 뜀틀 위에 평균대 2개를 나란히 경사지게 놓는다.
2. 한 명씩 평균대 위에서 엉덩이로 미끄럼틀을 탄다.

➾ 보조법

1. 선생님과 보조 선생님이 양 쪽에서 손을 잡아 준다.

➾ 준비물 : 뜀틀, 평균대, 매트, 의자

➾ 유의점

1. 평균대 면이 고른지 반드시 확인한다.
2. 평균대가 떨어지지 않도록 주의한다.

(14) 편히 걷기(앞, 뒤, 옆)

- 활동목표 : 평균대를 이용하여 미적 표현능력과 자신감 및 평형성 등의 기초체력을 기른다.
- 연령 : 만 3, 4, 5세
- 도입 및 활동 방법
  1. 평균대 2개를 길게 붙여 놓는다.
  2. 한 명씩 올라가서 마음대로 걷는다.(앞, 뒤, 옆으로)
- 보조법
  1. 평균대 옆에 서서 넘어지지 않도록 보조한다.
- 준비물 : 평균대
- 유의점
  1. 자신감이 없는 유아는 옆에서 보조한다.(손가락)
  2. 미끄러지지 않게 주의한다.(실내화 착용)

②

③

(15) 옆으로 걷기

⇒ 활동목표 : 평균대를 이용하여 미적 표현능력과 자신감 및 평형성 등의 기초체력을 기른다.

⇒ 연령 : 만 3, 4, 5세

⇒ 도입 및 활동 방법

1. 평균대 2개를 길게 붙여 놓는다.
2. 발끝은 양쪽을 향하게 하여 옆으로 선다.
3. 오른(왼)발을 들어 왼발과 교차하면서 발끝부터 내딛는다.
4. 몸의 가슴 부위는 고정하고 허리와 엉덩이 부분은 조금 이동하는 방향 쪽으로 틀어준다.
5. 팔은 균형을 유지할 수 있도록 옆으로 벌린다.

⇒ 준비물 : 평균대

⇒ 유의점

1. 미끄러져서 넘어지지 않도록 주의한다.

(16) 앞으로 걷기

⇨ 활동목표 : 평균대를 이용하여 미적 표현능력과 자신감 및 평형성 등의 기초체력을 기른다.

⇨ 연령 : 만 3, 4, 5세

⇨ 도입 및 활동 방법

1. 평균대 2개를 나란히 놓는다.
2. 바르게 선 자세에서 한 다리에 체중을 싣고 다른 쪽 다리는 무릎, 발목을 펴고 평균대의 측면을 따라서 미끄러지듯이 앞으로 딛는다.
3. 체중은 발끝에서부터 그 다리로 옮긴다.
4. 고개는 들어서 정면(15도)을 보도록 한다.
5. 팔은 옆으로 펴서 균형을 잃지 않도록 한다.

⇨ 보조법 : 자신감이 부족한 유아는 손가락을 내밀어 잡도록 한다.

⇨ 준비물 : 평균대

⇨ 유의점

1. 발을 교차해서 걷도록 지도한다.

(17) 뒤로 걷기

- 활동목표 : 평균대를 이용하여 미적 표현능력과 자신감 및 평형성 등의 기초체력을 기른다.
- 연령 : 만 4, 5세
- 도입 및 활동 방법
  1. 평균대 2개를 길게 붙여 놓는다.
  2. 뒤로 바르게 선 자세에서 양 팔을 벌려 선다.
  3. 뒤로 발끝을 내딛으면서 천천히 체중을 옮긴다.
  4. 무릎을 구부리지 않도록 하고 발목을 곧게 편다.
- 준비물 : 평균대
- 유의점
  1. 미끄러지지 않도록 주의한다.
  2. 밑을 보지 않도록 지도한다.

(18) 장애물 건너 걷기

⇨ 활동목표 : 평균대를 이용하여 미적 표현능력과 자신감 및 평형성 등의 기초체력을 기른다.

⇨ 연령 : 만 3, 4, 5세

⇨ 도입 및 활동 방법

1. 평균대 2개를 길게 붙여 놓는다.
2. 평균대 위에 장애물을 설치한다.(유니바, 훌라후프 등)
3. 걸어가면서 설치된 장애물을 건너 전진한다.
4. 모둠발로 점프하면서 장애물을 뛰어 넘고 전진한다.
   (장애물 2~3개설치)

⇨ 보조법

1. 장애물에 걸려 넘어지지 않도록 옆에 서서 보조한다.

⇨ 준비물 : 평균대, 유니바, 훌라후프

⇨ 유의점

1. 평균대 위에서 장난치지 않도록 지도한다.
2. 미끄러지지 않게 주의한다.(실내화 착용)

(19) 방향전환하며 걷기

⇨ 활동목표 : 평균대를 이용하여 미적 표현능력과 자신감 및 평형성 등의 기초체력을 기른다.

⇨ 연령 : 만 3, 4, 5세

⇨ 도입 및 활동 방법

1. 평균대 2개를 길게 붙여 놓는다.
2. 앞으로 걷기, 뒤로 걷기, 옆으로 걷기를 번갈아 가며 실시.
   (90도, 180도, 360도 턴)

⇨ 보조법

1. 평균대 옆에 서서 넘어지지 않도록 보조한다.

⇨ 준비물 : 평균대

⇨ 유의점

1. 미끄러지지 않도록 주의한다.(실내화 착용)
2. 평균대 위에서 장난치지 않도록 지도한다.

②

③

(20) 눈감고 걷기(전, 후, 좌, 우)

⇨ 활동목표 : 평균대를 이용하여 미적 표현능력과 자신감 및 평형성 등의 기초체력을 기른다.

⇨ 연령 : 만 4, 5세

⇨ 도입 및 활동 방법

1. 평균대 2개를 길게 붙여 놓는다.
2. 한 명씩 올라가서 눈을 감은 채로 마음대로 걷는다(앞, 뒤, 옆으로)

⇨ 보조법

1. 평균대 옆에 서서 넘어지지 않도록 보조한다.

⇨ 준비물 : 평균대

⇨ 유의점

1. 자신감이 없는 유아는 옆에서 보조한다.(손가락)
2. 미끄러지지 않게 주의한다.(실내화 착용)

(21) 수평잡기

⇨ 활동목표 : 평균대를 이용하여 미적 표현능력과 자신감 및 평형성, 유연성 등의 기초체력을 기른다.

⇨ 연령 : 만 3, 4, 5세

⇨ 도입 및 활동 방법

1. 평균대 2개를 길게 배열한다.
2. 평균대 위에서 여러 가지 형태로 수평잡기를 실시한다.
   (T자, Y자, 무릎 대고 수평잡기, V자 버티기 등)
3. 만 3세는 평균대 2개를 나란히 붙여 놓고 실시한다.

⇨ 보조법

1. 옆에 서서 중심(여러 모양)을 잘 잡을 수 있도록 보조한다.

⇨ 준비물 : 평균대

⇨ 유의점

1. 미끄러지지 않도록 주의한다.
2. 정확한 정지 동작(2-3초)이 이루어 질 수 있도록 지도한다.

(22) 장애물 들고 걷기

◈ 활동목표 : 평균대를 이용하여 미적 표현능력과 자신감 및 평형성 등의 기초체력을 기른다.

◈ 연령 : 만 3, 4, 5세

◈ 도입 및 활동 방법

1. 평균대 2개를 길게 배열한다.
2. 평균대 위를 여러 가지 물건(공, 블록 등)을 들고 다양한 방법(앞, 뒤, 옆)으로 이동한다.

◈ 보조법

1. 유아 옆에 서서 넘어지지 않도록 보조한다.

◈ 준비물 : 평균대, 장애물(공, 블록 등)

◈ 유의점

1. 장애물을 가지고 장난치지 않게 주의한다.

(23) 장애물 집어 들고 걷기

⇨ 활동목표 : 평균대를 이용하여 미적 표현능력과 자신감 및 평형성, 협응력 등의 기초체력을 기른다.

⇨ 연령 : 만 3, 4, 5세

⇨ 도입 및 활동 방법

1. 평균대 2개를 길게 붙여 놓는다.
2. 평균대 위에 장애물을 설치한다.(공, 블록, 유니바 등)
3. 걸어가면서 설치된 장애물 차례대로 하나씩 들고 앞으로 전진 한다.

⇨ 보조법

1. 장애물을 집거나 들고 이동할 때 넘어지지 않게 옆에서 보조한다.

⇨ 준비물 : 평균대, 장애물(공, 블록, 유니바 등)

⇨ 유의점

1. 유아들이 밀려 뒤로 넘어지지 않도록 주의한다.

(24) 오작교 걷기

⇨ 활동목표 : 평균대를 이용하여 미적 표현능력과 자신감 및 평형성 등의 기초체력을 기른다.

⇨ 연령 : 만 3, 4, 5세

⇨ 도입 및 활동 방법

1. 평균대 2개를 ㄱ, ㄴ자 모양으로 배열한다.
2. 양 팀으로 나누어 각각의 평균대 끝에서 여러 가지 방법으로 이동하여 만나는 지점에서 인사(악수, 뽀뽀, 안아 주기 등)하고 같이 뛰어내려 마무리 동작을 취한다.(앞, 뒤, 옆, 기기 등)
3. 만나는 지점에서 가위, 바위, 보 하여 이기면 전진, 지면 내려와서 출발점에 다시 정렬한다.(도해 참조)

⇨ 보조법

1. 미끄러지지 않도록 보조한다.

⇨ 준비물 : 평균대

⇨ 유의점

1. 경기 방법과 규칙을 정확하게 이해시킨다.

(25) 시이소 걷기

- 활동목표 : 평균대를 이용하여 미적 표현능력과 자신감 및 평형성 등의 기초체력을 기른다.
- 연령 : 만 3, 4, 5세
- 도입 및 활동 방법
  1. 평균대를 서로 교차(열십자)되게 놓는다.
  2. 위에 올려 진 평균대 한쪽 끝에서 다른 한쪽으로 건너간다.
     (여러 가지 걷기 방법 이용 – 앞, 옆, 뒤, 앉아서 …)
- 보조법
  1. 시이소(평균대)모양이 열십자가 되도록 유지시킨다.
- 준비물 : 평균대
- 유의점
  1. 대기 중인 유아들은 평균대와 충분한 거리를 둔다.
  2. 끝까지 바른 자세를 유지하도록 지도한다.(중간부터 뛰어내리지 않도록 주의)
  3. 평균대 위에서 장난치지 않도록 지도한다.
  4. 미끄러지지 않게 주의한다.(실내화 착용)

②

③

(26) 산 오르기

⇨ 활동목표 : 평균대를 이용하여 미적 표현능력과 자신감 및 평형성, 유연성 등의 기초체력을 기른다.

⇨ 연령 : 만 3, 4, 5세

⇨ 도입 및 활동 방법

1. 평균대와 뜀틀(의자)을 이용하여 구성한다.(도해 참조)
2. 한 쪽 끝에서 다른 끝으로 다양한 걷기 동작을 이용하여 이동한다.

⇨ 보조법

1. 선생님이 평균대 옆에 서서 떨어지지 않도록 보조한다.

⇨ 준비물 : 뜀틀, 의자, 평균대

⇨ 유의점

1. 경사면을 내려올 때 중간부터 뛰어내리지 않도록 주의한다.
2. 평균대 위에서 장난치지 않도록 지도한다.
3. 미끄러지지 않게 주의한다.(실내화 착용)

(27) 엉덩이 씨름

⇨ 활동목표 : 평균대를 이용하여 미적 표현능력과 자신감 및 평형성 등의 기초체력을 기른다.

⇨ 연령 : 만 3, 4, 5세

⇨ 도입 및 활동 방법

1. 평균대 2개를 나란히(15-20㎝) 두어 배열한다.
2. 평균대 위에 정해진 한 지점에서 엉덩이를 맞대어 신호에 맞춰 민다.
3. 적당한 인원(6-10명)이 엉덩이를 서로 맞대게 하여 신호에 맞추어 엉덩이로 민다.

⇨ 준비물 : 평균대

⇨ 유의점

1. 정확한 착지 동작을 이해시킨다.
2. 평균대가 밀리지 않도록 주의한다.
3. 뒤로 넘어지지 않도록 주의한다.

(28) 평균대 줄 씨름

⇨ 활동목표 : 평균대를 이용하여 미적 표현능력과 자신감 및 평형성, 근력 등의 기초체력을 기른다.

⇨ 연령 : 만 4, 5세

⇨ 도입 및 활동 방법

1. 평균대 2개를 적당한 간격(2-3m)을 두어 나란히 배열한다.
2. 각각의 평균대 위에 적당한 인원(3-4명)을 정렬시켜 서로 마주보고 줄 씨름을 한다.
3. 평균대 2개를 길게 또는 나란히 붙여 놓고 1:1로 줄 씨름을 한다.

⇨ 보조법

선생님이 가운데서 줄을 잡아 균형을 유지시킨다.

⇨ 준비물 : 평균대, 줄

⇨ 유의점

1. 정확한 착지 동작을 이해시킨다.
2. 줄을 놓지 않도록 지도한다.

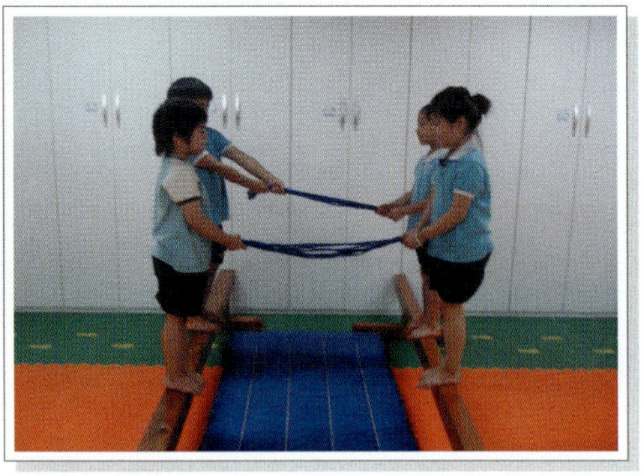

(29) 가위 뛰기

⇨ 활동목표 : 평균대를 이용하여 미적 표현능력과 자신감 및 순발력, 협응력, 평형성 등의 기초체력을 기른다.

⇨ 연령 : 만 4, 5세

⇨ 도입 및 활동 방법

1. 평균대 2개를 적당한 간격(30-35㎝)을 두고 나란히 배열한다.
2. 모둠발로 점프하여 각각의 평균대 위에 올라서고 뛰어내리기를 반복한다.

⇨ 보조법

1. 유아의 앞에 서서 양 손을 잡아 보조한다.

⇨ 준비물 : 평균대

⇨ 유의점

1. 평균대가 밀리지 않도록 주의한다.

(30) 앉아서 걷기(오리걸음, 공굴리기)

➾ 활동목표 : 평균대를 이용하여 미적 표현능력과 자신감 및 평형성, 협응력 등의 기초체력을 기른다.

➾ 연령 : 만 3, 4, 5세

➾ 도입 및 활동 방법

1. 평균대 2개를 길게 붙여 놓는다.
2. 한 쪽 무릎은 구부리고, 다른 한쪽 다리는 평균대 측면으로 해서 뒤에서 앞으로 뻗으면서 지탱하고 있는 발 앞으로 발끝부터 내 딛는다.
3. 평균대 위에서 오리 흉내 내며 오리걸음 걷기.
4. 평균대 2개를 나란히 적당한 간격을 주어 공을 그 위에 놓고 굴리며 전진.
5. 만 3세는 평균대 2개를 나란히 붙여 놓는다.

➾ 보조법

1. 넘어지지 않도록 선생님이 옆에 서서 보조한다.

➾ 준비물 : 평균대

➾ 유의점

1. 공굴리기 실시 시 공을 한 번에 쳐 내지 않도록 주의한다.
2. 평균대 위에서 장난치지 않도록 지도한다.
3. 미끄러지지 않게 주의한다.

①

②

③

④

(31) 꽃게 기기(앞, 뒤)

⇨ 활동목표 : 평균대를 이용하여 미적 표현능력과 자신감 및 평형성, 근력 등의 기초체력을 기른다.

⇨ 연령 : 만 3, 4, 5세

⇨ 도입 및 활동 방법

1. 평균대 2개를 나란히 적당한 간격을 두고 놓는다.
2. 평균대 위에서 양 손과 양 발을 이용하여 이동한다.(엎드려서, 누워서)
3. 평균대 간격이 점점 벌어지게 놓아서 실시한다.

⇨ 보조법

1. 평균대 옆에서 평균대가 밀리지 않도록 보조한다.

⇨ 준비물 : 평균대

⇨ 유의점

1. 엉덩이나 배, 무릎이 평균대에 닿지 않게 주의한다.
2. 미끄러지지 않도록 주의한다.

(32) 오래 버티기

⇨ 활동목표 : 평균대를 이용하여 미적 표현능력과 자신감 및 근력, 평형성 등의 기초체력을 기른다.

⇨ 연령 : 만 4, 5세

⇨ 도입 및 활동 방법

1. 평균대 2개를 나란히 적당한 간격을 두고 배열한다.
2. 적당한 인원(3-4명)을 평균대 사이에 정렬시킨다.
3. 양 손으로 각각의 평균대를 짚고 양 팔을 곧게 펴서 무릎을 가슴 쪽으로 당겨 바닥에서 발이 떨어지게 한다.
4. 한 명씩 차례대로 한쪽 끝에서 다른 쪽으로 이동하며 실시한다.
   - 목발을 짚듯이 이동한다.
   - 양팔을 번갈아 움직이며 이동한다.

⇨ 보조법

1. 옆에 서서 넘어지지 않도록 보조한다.

⇨ 준비물 : 평균대

⇨ 유의점

1. 양 팔이 곧게 펴질 수 있도록 지도한다.
2. 평균대가 밀리지 않도록 주의한다.
3. 평균대 높이를 적당히 조절한다.

(33) 엎드려 기기

- 활동목표 : 평균대를 이용하여 미적 표현능력과 자신감 및 협응력, 근력 등의 기초체력을 기른다.
- 연령 : 만 3, 4, 5세
- 도입 및 활동 방법

1. 평균대 2개를 길게 붙여 배열한다.
2. 평균대 위에 엎드려 가슴과 배를 밀착시키고 손과 발을 이용하여 이동한다.
3. 평균대 높이를 조절하여 평균대 아래쪽에 매달려 손, 발을 이용하여 이동한다.
4. 경사지게 해서 평균대를 설치하여 이동한다.

- 준비물 : 평균대, 의자
- 유의점

1. 평균대 면이 고른지 확인한다.
2. 평균대가 흔들리지 않도록 주의한다.

(34) 평균대 위에서 앞구르기

- 활동목표 : 평균대를 이용하여 미적 표현능력과 자신감 및 평형성, 유연성 등의 기초체력을 기른다.
- 연령 : 만 3, 4, 5세
- 도입 및 활동 방법
  1. 평균대 2개를 나란히 붙여 놓고 그 위에 매트를 얹는다.
  2. 평균대 위에서 정확한 앞구르기 동작 실시한다.(다리 벌려 앞구르기)
- 보조법
  1. 앞구르기 보조와 동일하다.
- 준비물 : 평균대, 매트
- 유의점
  1. 정확한 앞구르기 동작을 이해시킨다.

①

②

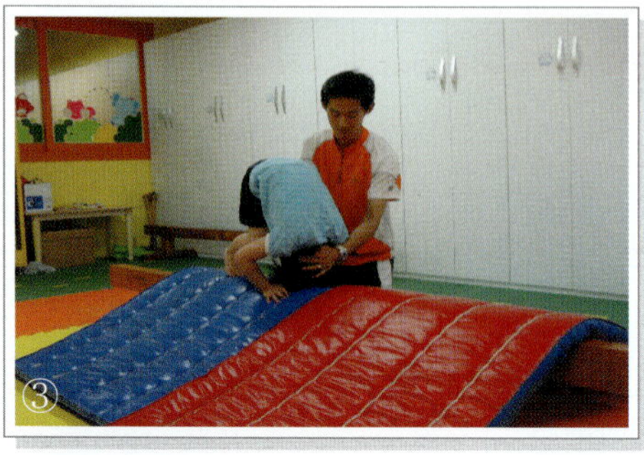
③

④

⑤

4) 유니바 놀이

다른 기구에 비해 다양한 동작의 경험을 얻을 수 있으며, 유니바를 다양하게 배치하여 뛰어넘기, 건너가기, 밑으로 기어가기, 달리기, 위로 걷기 등 여러 가지 응용 놀이를 통해 순발력, 민첩성, 평형성, 근력, 지구력 등의 기초체력발달에 효과적인 놀이입니다.

(1) 지그재그 달리기	(9) 도레미 뛰기
(2) 기차놀이	(10) 산 넘고 동굴 통과 하기
(3) 손수레 밀기	(11) 사방 뛰기, 병 모양 뛰기
(4) 동물들의 경주	(12) 좌우 뛰기(앞, 뒤 뛰기)
(5) 볼링(게임)	(13) 징검다리 걷기
(6) 농구(게임)	(14) 걷기(한줄, 두줄)
(7) 벽돌 쌓기	(15) 구름다리 건너기
(8) 계단 걷기(뛰기)	(16) 기어가기

(1) 지그재그 달리기

- 활동목표 : 유니바를 다양한 형태로 배열하여 민첩성, 협응력 등의 기초체력을 기른다.
- 연령 : 만 3, 4, 5세
- 도입 및 활동 방법
  1. 유니바를 여러 가지 형태의 징검다리로 배열한다.
  2. 유니바 사이사이를 지그재그로 이동한다(기기, 걷기, 뛰기).
- 준비물 : 유니바
- 유의점
  1. 규칙과 질서를 정확히 이해시킨다.

(2) 기차놀이

⇨ 활동목표 : 게임을 통해서 규칙과 질서를 이해시키고 민첩성, 협응력 등의 기초 체력을 기른다.

⇨ 연령 : 만 3, 4, 5세

⇨ 도입 및 활동 방법

1. 2인 1조로 유니바 2개를 양손에 각각 하나씩 잡고 달려가 반환점을 돌아온다. (앞 – 앞, 앞 – 뒤, 옆 – 옆, 뒤 – 뒤)

⇨ 준비물 : 유니바

⇨ 유의점

1. 마주보거나 등을 대고 달릴 때 넘어지지 않도록 주의한다.
2. 규칙과 질서를 정확히 이해시킨다.

(3) 손수레 밀기

- 활동목표 : 게임을 통하여 규칙과 질서를 이해시키고 협응력, 민첩성 등의 기초체력을 기른다.
- 연령 : 만 3, 4, 5
- 도입 및 활동 방법
  1. 양 팀으로 나누어 각각 양 손에 유니바를 들고 유니바 끝에 유니바를 얹어 중심을 잡고 달려가 반환점을 돌아온다.(유니바 개수 조절)
- 준비물 : 유니바
- 유의점
  1. 정확한 규칙과 질서를 이해시킨다.

(4) 동물들의 경주

⇨ 활동목표 : 유니바를 이용한 여러 가지 형태의 신체 활동을 통하여 근력, 협응력 등의 기초체력을 기른다.

⇨ 연령 : 만 3, 4, 5세

⇨ 도입 및 활동 방법

1. 유니바를 양 손으로 평행하게 잡고 개구리처럼 쪼그려 앉아 유니바를 짚으며 모둠발로 뛴다.
2. 유니바를 양 손에 각각 하나씩 잡고 엎드려 기어간다.(물개, 사자 등)
3. 2개의 유니바 위에 각각의 손과 발을 올리고 걸어 본다.(다양한 동물 흉내)

⇨ 준비물 : 유니바

⇨ 유의점 : 1. 정확한 동작을 이해시킨다.
　　　　　2. 규칙과 질서를 정확히 이해시킨다.

①

②

③

(5) 볼링

- 활동목표 : 게임을 통하여 규칙과 질서를 이해시키며 협응력을 기른다.
- 연령 : 만 3, 4, 5세
- 도입 및 활동 방법

  1. 적당한 개수의 유니바를 세워 놓고 공을 굴려 넘어뜨린다.
- 준비물 : 유니바, 공
- 유의점

  1. 정확한 규칙과 질서를 이해시킨다.

(6) 농구

◈ 활동목표 : 게임을 통하여 규칙과 질서를 이해시키며 협응력을 기른다.

◈ 연령 : 만 3, 4, 5세

◈ 도입 및 활동 방법

1. 유니바로 여러 형태의 골대를 만든 후 적당한 거리에서 공을 던져 넣는다.

◈ 준비물 : 유니바

◈ 유의점

1. 정확한 규칙과 질서를 이해시킨다.

(7) 벽돌 쌓기

- 활동목표 : 벽돌쌓기를 통해서 민첩성, 협응력 등의 기초체력을 기른다.
- 연령 : 만 3, 4, 5세
- 도입 및 활동 방법
  1. 양 팀으로 나누어 각각의 목표 지점에 적당한 유니바를 흐트려 놓는다.
  2. 신호에 맞춰 2인 1조로 달려가 유니바를 빨리 쌓고 돌아온다.(유니바 개수와 인원수 조절)
- 준비물 : 유니바
- 유의점
  1. 규칙과 질서를 정확히 이해시킨다.

(8) 계단 걷기 및 뛰기

⇨ 활동목표 : 유니바를 다양한 형태로 배열하여 걷기, 뛰기 동작을 통해 순발력, 민첩성, 협응력 등의 기초체력을 기른다.

⇨ 연령 : 만 3, 4, 5세

⇨ 도입 및 활동 방법

1. 유니바를 다양한 형태의 계단 모양으로 배열하여 걷기, 뛰어 넘기를 한다. (모둠발, 외발)
2. 유니바를 일렬로 놓고 천천히 걸어본다.

⇨ 준비물 : 유니바

⇨ 유의점

1. 가속이 더 심해짐을 감안하여 유니바의 간격을 조절한다.

①

②

③

(9) 도레미 뛰기

⇨ 활동목표 : 유니바를 다양한 형태로 배열하여 뛰기 동작을 통해 순발력, 평형성, 민첩성 등의 기초 체력을 기른다.

⇨ 연령 : 만 3, 4, 5세

⇨ 도입 및 활동 방법

1. 유니바를 가지런히 배열한다. (사진참조)
2. 한 명씩 출발하여 다리를 벌렸다 모았다를 반복하여 뛰어간다.(모둠발, 외발)
3. 한 명씩 출발하여 다리를 벌렸다 모았다를 반복하여 뛰어간다.(180도 회전)

⇨ 준비물 : 유니바

⇨ 유의점

1. 빨리 뛰지 않도록 주의한다.
2. 정확한 지점에 착지 할 수 있도록 유도한다.

(10) 산 넘고 동굴 통과하기

⇨ 활동목표 : 유니바를 다양한 형태로 배열하여 순발력, 민첩성 등의 기초체력을 기른다.

⇨ 연령 : 만 3, 4, 5세

⇨ 도입 및 활동 방법

1. 유니바를 다양한 형태로 배열한다.
2. 뛰어 넘기와 기어서 통과를 반복한다.

⇨ 준비물 : 유니바

⇨ 유의점

1. 정확한 규칙과 질서를 이해시킨다.
2. 적당한 횟수로 실시

(11) 사방 뛰기, 별모양 뛰기

- 활동목표 : 유니바를 다양한 형태로 배열하여 걷기, 뛰기 동작을 통해 순발력, 민첩성 등의 기초체력을 기른다.
- 연령 : 만 3, 4, 5세
- 도입 및 활동 방법
  1. 유니바를 십자 형태, 별 모양으로 배열한다.(단계 조절)
  2. 한 명씩 유니바를 걸어 넘어간다.
  3. 한 명씩 유니바를 모둠발로 뛰어 넘어간다.
- 준비물 : 유니바
- 유의점

1. 모둠발로 뛸 수 있도록 유도한다.

(12) 좌우 뛰기(앞, 뒤 뛰기)

- 활동목표 : 유니바를 다양한 형태로 배열하여 순발력, 민첩성 등의 기초체력을 향상시킨다.
- 연령 : 만 3, 4, 5세
- 도입 및 활동 방법

  1. 유니바를 여러 가지 모양으로 배열하여 유니바를 뛰어 넘는다.(전, 후, 좌, 우)
- 준비물 : 유니바
- 유의점 : 만 3세일 경우 뒤로 뛰기가 어려우므로 앞으로 뛰기를 반복한다.

(13) 징검다리 걷기

- 활동목표 : 게임을 통하여 규칙과 질서를 이해시키며 민첩성, 협응력 등의 기초체력을 기른다.
- 연령 : 만 4, 5세
- 도입 및 활동 방법
  1. 3개의 유니바를 나란히 배열한다.
  2. 2인 1조로 한 명은 유니바 위를 걸어가고 다른 한 명은 지나간 유니바 맨 앞으로 옮겨 준다.
- 준비물 : 유니바
- 유의점
  1. 규칙과 질서를 정확히 이해시킨다.
  2. 미끄러지지 않도록 주의한다.

(14) 걷기(한 줄, 두 줄)

⇨ 활동목표 : 유니바를 다양한 형태로 배열하여 걷기 동작을 통해 평형성, 협응력 등의 기초체력을 기른다.

⇨ 연령 : 만 3, 4, 5세

⇨ 도입 및 활동 방법

1. 유니바를 길게 붙여 배열하고 여러 가지 형태로 유니바 위를 걸어본다. (만3세일 경우 유니바를 2개를 붙여 한 줄로 배열한다)
2. 유니바를 적당한 간격(조절 가능)을 두어 길게 붙여 2줄로 만든 후 유니바 위를 다양한 형태로 걸어 본다.(앞, 옆 – 동물 흉내)

⇨ 준비물 : 유니바

⇨ 유의점

1. 유니바에서 미끄러지지 않도록 주의한다.
2. 서두르지 않도록 주의한다.
3. 유니바가 밀리지 않도록 주의한다.

(15) 구름다리 건너기

- 활동목표 : 유니바를 다양한 형태로 배열하여 걷기, 뛰기 동작을 통해 평형성 등의 기초 체력을 기른다.
- 연령 : 만 3, 4, 5세
- 도입 및 활동 방법

  1. 유니바를 적당한 간격을 두어 나란히 차례대로 배열하여 유니바 위를 여러 형태로 걸어 본다.
  (앞, 옆, 기어서 – 동물 흉내)

- 준비물 : 유니바
- 유의점

  1. 미끄러지지 않도록 주의한다.
  2. 유니바가 밀리지 않도록 주의한다.

(16) 기어가기

⇨ 활동목표 : 유니바를 다양한 형태로 배열하여 기어가기 동작을 통해 민첩성, 협응력, 근력 등의 기초체력을 기른다.

⇨ 연령 : 만 3, 4, 5세

⇨ 도입 및 활동 방법

1. 유니바를 길게 붙여 배열하고 유니바와 유니바 사이의 바닥을 여러 형태로 기어 본다.
2. 유니바를 길게 붙여 배열하고 유니바 위에서 여러 형태로 기어 본다.(엎드려, 꽃게 걸음 등등)
3. 유니바를 차례대로 나열한 후 유니바 위를 넘으며 기어간다.(엎드려, 꽃게 걸음 등등)
4. 유니바를 차례대로 나열한 후 유니바 위를 기어간다.(엎드려, 꽃게 걸음 등등)

⇨ 준비물 : 유니바

⇨ 유의점

1. 유니바가 밀리지 않도록 주의한다.

참고문헌

교육부(1997). 고등학교 유아교육원리. 대한교과서.

문화관광부 체육국(2005). 2004 체육백서. 계문사.

문화체육부(1995). 취학 전 아동의 체격 및 체력의 육성을 위한 체육놀이 프로그램 개발.

소정룡(2005). 유아체육교육. 서울 : 진리탐구.

이기숙 · 장영희 · 정미라 · 엄정애(2004). 유아교육개론. 서울 : 양서원.

이은화 · 양옥승(1988). 유아교육론. 서울 : 교문사.

이홍우(1991). 교육의 개념. 서울 : 배영사.

정범모(1976). 교육과 교육학. 서울 : 배영사.

저자 소개

◐ 이광우 ◑

울산대학교 교육대학원 석사 졸업
울산대학교 대학원 박사과정 수료
울산대학교 체육학부 외래강사
울산과학대학 사회체육과 겸임교수
울산대학교 보육교사교육원 외래강사
한국유아체육연구원장
한마음유아스포츠단 단장
L&R 엔터프라이즈 대표
사단법인 한국체력향상협회 울산 연수원장
사단법인 한국유아체육교육협회 울산 연수원장

◐ 박병국 ◑

울산대학교 체육학과 졸업
국민대학교 일반대학원 졸업
국민대학교 대학원 체육학과 졸업(이학박사)
현) 울산대학교 체육학부 교수

"유아들의 신체활동을 위한"
유아체육

초판1쇄 인쇄_2008년 2월 20일
초판1쇄 발행_2008년 3월 5일

저자_이광우 · 박병국 공저
발행인_한은택 발행한곳_도서출판 **학이당**
출판등록_1996년 12월 26일 주소 서울시 송파구 송파2동 171번지
전화_02) 424-9035, 5162 팩스_02) 424-9036
이메일_book7h@hanmail.net

ISBN 978-89-8420-129-3 (93690)

정가 20,000원